FOI VIVANTE 361

Liste des sigles

CD : Vatican II, Décret sur la charge pastorale des évêques *Christus Dominus*

DC : *Documentation catholique*

GR : S. Basile, *Grandes Règles* ; dans *Les Règles monastiques*, trad. L. Lèbe, Éd. de Maredsous, 1969

LG : Vatican II, Constitution dogmatique sur l'Église *Lumen Gentium*

PR : S. Basile, *Petites Règles* ; dans *Les Règles monastiques*, trad. L. Lèbe, Éd. de Maredsous, 1969

RB : *La Règle de Saint Benoît*, trad. A. de Voguë, coll. « Sources chrétiennes » n°181 et 182, 1972

SC : collection « Sources chrétiennes », Éd. du Cerf.

PIERRE-MARIE DELFIEUX

VEILLEURS SUR LA VILLE

JÉRUSALEM - LIVRE DE VIE

5e édition
revue et corrigée

Foi vivante - Vie spirituelle

LES ÉDITIONS DU CERF
PARIS

1995

Bibliothèque chrétienne de poche

FOI VIVANTE

ÉDITEURS PARTENAIRES :

Centurion, Jean-Pierre Rosa.
Cerf, Jean-Marie Gueullette.
Labor et Fides, Gabriel de Montmollin.
Éditions de l'Atelier, Bernard Stéphan.
Vie Chrétienne, Emmanuel Lecaron.
Mame, Pierre Langlois.
Nouvelle Cité, Henri-Louis Roche.
Desclée de Brouwer, Marc Leboucher.

COORDINATION : Jean-Marie Gueullette.
Jean-Pierre Rosa.

Nihil obstat
Paris, le 18 février 1984
C. CHOPIN

Imprimatur
Paris, le 18 février 1984
Mgr E. BERRAR, v.é.

(29, boulevard Latour-Maubourg – 75340 Paris Cedex 07)

ISBN 2-204-05195-0
ISSN 1248-8615

Avant-propos

Au nom du Père et du Fils et du Saint Esprit, Amen !

À vous, frères et sœurs, grâce et paix de par notre Père et le Seigneur Jésus Christ. Ep 1, 2

Qui suis-je, moi, pécheur et mortel, pour vous proposer un « Livre de Vie » dont le but ne saurait être que de nous conduire ensemble à la sainteté ?

Mais comment aussi ne pas accepter, puisque Dieu le veut ainsi, de devenir l'instrument inutile dont il a toujours aimé se servir, pour essayer de traduire en termes appropriés notre règle de vie, à partir du moment où il nous est apparu ensemble que cela était nécessaire et bon, « ainsi que nous l'enseigne, en Notre

Ac 9, 15 ; Lc 17, 10

Seigneur, l'exemple des saints et la raison[1] ».

Ce n'est donc pas sans crainte ni tremblement que je me suis mis à l'écoute de l'Esprit Saint et au travail, fort du sentiment que je n'avais rien à donner de moi-même, mais tout à recevoir de Dieu pour, simplement, l'ordonner, conformément à notre marche et à notre aujourd'hui, soutenu par votre confiance et votre prière à toutes et à tous, dont j'ai senti si clairement la force et la profondeur tous ces jours durant. Jours où, dans la solitude, la prière et le silence, j'ai essayé de recevoir, à genoux, de l'Écriture et de la Tradition, ce que Dieu a lui-même déjà mis en nos
Dt 30, 14 cœurs et en nos vies.

C'est pourquoi, j'ai cherché, le plus possible et tout du long, à ne rien dire d'autre que ce que le Seigneur nous a déjà révélé et commandé, en m'appuyant sur la Sainte Écriture, le souvenir vivant du Christ, la voix intérieure de l'Esprit qui conduit et éclaire tout, et sur ce que, depuis des siècles, l'Église pratique et enseigne. À partir aussi de ce que nous avons déjà pu expérimenter et vérifier ensemble.

---

1. S. Ignace de Loyola, Prologue des *Constitutions*, 1.

Pour cela, il m'a paru qu'il était bon de nous rappeler sans cesse la raison fondamentale et la référence essentielle à partir desquelles, concrètement, tout s'ordonne ; en le fondant, à la fois, sur le grand Exemplaire trinitaire et le Visage du Christ, référence parfaite de toute vie de charité, de prière, de travail, de silence, d'accueil, et modèle unique de pauvreté, de chasteté, d'obéissance, d'humilité, de joie...

Nécessaire et bon également, d'appuyer tous ces appels sur ce que tant de saints moines et moniales et tant de Pères dans la foi ont déjà pu écrire ou vivre dans le même sens et pour le même but ; et, le plus possible aussi, en référence à la Vierge Marie à qui nos Fraternités sont consacrées.

Concrètement, c'est le tutoiement qui m'a paru pouvoir traduire au mieux (ou au moins mal) un dialogue à la fois direct, simple et personnel ; non pas entre moi-même et chacun de vous, mais entre le Seigneur parlant directement, simplement et personnellement à chacun et à chacune de nous, comme dans la plupart des règles monastiques, ainsi que dans le dialogue biblique et liturgique.

C'est pourquoi, volontairement, j'ai mis peu de guillemets, mais, par contre, inscrit en marge ou en bas de page toutes les références, pour mieux dire ainsi ce qui venait de Lui, et pour que l'on puisse, autant que l'on voudra, s'y reporter.

Il nous revient à présent de recevoir ensemble ce Livre de Vie qui est, plutôt qu'une règle à proprement parler, un tracé spirituel donnant les grandes orientations fondamentales de notre route, assez précis cependant pour guider communément notre marche et rythmer harmonieusement notre vie. De le prier, de l'accueillir et de le pratiquer avec autant d'humilité que de vérité, de ferveur que d'obéissance.

Une règle vaut, non par ce qu'elle proclame mais par ce que l'on en vit.

Une belle règle non vécue reste lettre morte.

Une règle imparfaite, bien vécue, devient Esprit et Vie. Ce ne sont pas les auditeurs de la Loi qui sont justes devant
Rm 2, 13; Lc 11, 28 Dieu mais les observateurs de la Loi.

Que Dieu me pardonne donc en ce Livre de Vie, ce qui peut y être imparfaitement écrit ou pensé, et qu'il nous donne à tous la grâce de le prendre réellement et parfaitement en compte ; d'ajouter, par la perfection de notre vie, à l'imperfection de cet écrit.

De manière à servir, non plus dans la vétusté de la lettre mais dans la nouveauté de l'Esprit. Rm 7, 6

La grâce du Seigneur Jésus soit avec vous.

Je vous aime tous dans le Seigneur Jésus. 1 Co 16, 23-24

FRÈRE PIERRE-MARIE

Paris, le 29 juin 1978

Fraternités

1. Amour

Aime. 1

Accueille de tout ton être l'amour que
Dieu te porte le premier. Reste à jamais 1 Jn 4, 19
ancré dans cette certitude, seule capable
de donner sens, force et joie à ta vie : son
amour pour toi ne s'en ira pas, son allian-
ce de paix avec toi ne sera pas ébranlée. Is 54, 10
Les dons et l'appel de Dieu sont sans
repentance. Il a gravé ton nom sur les Rm 11, 29
paumes de ses mains. Is 49, 16

Que ton âme, jour et nuit, soit remplie Ps 118, 55.57
de cette présence aimante du Seigneur, et Is 26, 9
tu vivras. Fort de la joie de cette habitation divine en toi et de la puissance de cet amour, tu ne faibliras pas.

Si tu conserves fidèlement, comme
Marie, ce souvenir en ton cœur, Dieu, pas Lc 2, 19
à pas, t'envahira, te construira, t'unifiera. L'accueil incessant de son amour est ton premier devoir de consacré.

2 Fort de cette grâce, aime à ton tour le
Seigneur, qui t'a créé à son image et
Gn 1, 27 comme sa ressemblance, de tout ton cœur,
de toute ton âme, de toute ta force et de
Lc 10, 27 tout ton esprit. En un mot, de toute ta personne et de toute ta vie. Dans cette totalité d'amour sans partage consiste toute ta vocation monastique.

Sachant en effet qu'il t'a aimé par le don de toute sa vie, tu ne peux l'aimer en retour que par le don de toute la tienne. Il t'a tellement aimé en te donnant son Fils unique que tu choisis de lui répondre
Jn 3, 16 librement par le don de ta vie unique.
Ainsi, cette offrande de tout ton être à l'Amour par amour t'invite-t-elle à accep-
Ph 3, 8 ter de tout perdre afin de gagner le Christ.
Tu apprendras par là que tout n'est rien et que rien est tout [1]. Car si tout est à toi, tu
1 Co 3, 23 es au Christ et le Christ est à Dieu.

Ainsi seras-tu moine ou moniale en n'ayant *de regard que pour Dieu seul, de désir que pour Dieu seul, d'application qu'à Dieu seul et, ne voulant servir que Dieu seul, en paix avec Dieu, tu deviendras cause de paix pour les autres* [2].

---

1. Voir S. JEAN DE LA CROIX, *Monte Carmelo*, trad. M. Marie du Saint-Sacrement ; dans *Œuvres complètes*, Éd. du Cerf, 1990, p. 259.
2. S. THÉODORE STUDITE, *Petite Catéchèse*, éd. Harduini, Paris, 1981, p. 142-143.

Si toute ta vie est l'accueil libre et joyeux de son amour et la quête laborieuse et patiente de son visage, seul avec le Seul, tu seras comme un vrai fils devant lui et, dans ton cœur, l'Esprit de son Fils unique criera : *Abba,* Père ! 3

Ga 4, 6

Maintenant que tu as connu Dieu ou plutôt qu'il t'a connu, si tu l'aimes, garde sa Parole et le Père t'aimera, et Dieu-Trinité viendra en toi et fera chez toi sa demeure.

Ga 4, 9 — Jn 16, 27 — Jn 14, 23

Tu pourras dire alors que ce n'est plus toi qui vis mais Dieu qui vit en toi et tu seras tabernacle vivant de sa présence. Véritablement consacré. Car ce temple est sacré et ce temple c'est toi.

Ga 2, 20 — 1 Co 3, 17

Tout ce que tu auras à faire dans la vie monastique sera pour te conduire jusque-là. Dieu qui est Feu dévorant veut te consumer tout entier en son Amour. Que ces paroles que le Seigneur te dicte aujourd'hui restent dans ton cœur. Fais cela et tu vivras.

He 12, 29 — Dt 6, 6 — Lc 10, 28

Aime tes frères et sœurs. 4

Suis la voie de l'amour à l'exemple du Christ. Tu ne peux prétendre, en effet, aimer Dieu que tu ne vois pas si tu

Ep 5, 2

n'aimes pas le frère ou la sœur que tu
1 Jn 4, 20 côtoies.

Ga 5, 14 La charité étant la Loi en sa plénitude,
l'exigence de l'amour fraternel devient
dès lors le résumé de toute ta vie monas-
tique comme elle l'est de la Loi et des
Rm 13, 10 Prophètes. À chaque instant interroge-toi
donc sur l'amour, puisque tu seras *jugé
sur l'amour*[1] .

Parce qu'au ciel nous aimerons seule-
1 Jn 4, 16 ment, éternellement, pleinement et que le
moine veut anticiper le Royaume ;

parce que Dieu est amour comme Jésus
Rm 5, 8 nous l'a prouvé et que le moine cherche à
Jn 15,12.13 imiter le Christ ;

parce que le premier commandement
Mc 12, 29 est d'aimer et que le moine obéit à Dieu
en ne faisant que sa Volonté ;

aime sans relâche, sans partage et sans
murmure. Que le Seigneur te fasse croître
1 Th 3, 12 et abonder dans l'amour envers tous.

Une fois pour toutes t'est donné ce court précepte :

Aime et fais ce que tu veux.
Si tu te tais, tais-toi par amour.
Si tu parles, parle par amour.
Si tu corriges, corrige par amour.
Si tu pardonnes, pardonne par amour.

---

1. S. JEAN DE LA CROIX, *Paroles de lumière et d'amour,* n° 58 ; OC, p. 276.

Aie au fond du cœur la racine de l'amour.

De cette racine il ne peut rien sortir que de bon [1] .

Accepte cependant de reconnaître que ta **5**
spontanéité est mauvaise. Avec lucidité, Rm 7, 18-20
vois que le fond de ton être est égocen-
trique, égoïste, jaloux, agressif, captatif, et Ap 12, 10
que le diable est là, accusateur de tes
frères, cherchant toujours qui dévorer, 1 P 5, 8
semeur, dans la nuit, de zizanie. Mt 13, 25

Pour t'ouvrir à l'amour, tu devras donc sans cesse t'arracher au non-amour. Sans ce premier préalable de l'humilité et de la conversion tu ne saurais jamais aimer.

Tu aimeras d'autant mieux tes frères et Lv 19, 18
sœurs que tu sauras t'aimer toi-même.

Si tu es unifié, tu seras unifiant ; si tu es
pacifié, tu seras pacifiant. Aime-toi hum-
blement et fièrement de l'amour dont
Dieu t'aime et, à partir de là, aime ton pro- Lc 10, 27
chain comme toi-même. C'est le second
préalable à l'amour du prochain.

Aime-toi jusqu'à l'oubli de toi. 9, 23-27

---

1. S. Augustin, *Commentaire de la Première Épître de saint Jean*, VII, 8; trad. P. Agaësse, SC 75,1961, p. 329.

Il y a l'amour qui reçoit, l'amour qui partage, l'amour qui donne, l'amour qui
Jn 15, 13 se donne et enfin l'amour qui s'immole. Moine ou moniale, Dieu t'attend jusque-là. Si tu peux dire un jour que tu ne *te recherches plus*, tu mèneras *la vie la plus heureuse que l'on puisse voir* [1] et l'amour de Dieu à travers toi transparaîtra. C'est le troisième préalable à l'amour des autres.

6 Demande chaque jour à Dieu de déver-
Rm 12, 5.10 ser en ton cœur l'amour pour tes frères et de mettre en leur cœur de l'amour pour toi. Dieu ne peut rien refuser à une communauté qui le prie ainsi, car telle est sa
Mt 18, 19-20 volonté que nous nous aimions les uns les
Jn 15, 12.17 autres comme il nous a aimés.

Là *où il n'y a pas d'amour, mets de l'amour et tu récolteras de l'amour* [2] . La susceptibilité est le pire ennemi de la cha-
Ph 2,2-3 rité, l'humilité son meilleur allié. Dans un conflit, sois assez intelligent et saint pour céder le premier et ne perds jamais l'union profonde avec tes frères par des chamailleries sur des détails. Tu peux avoir le droit de te mettre en colère, mais tu as le devoir de ne pas laisser le soleil se cou-

---

1. THÉRÈSE DE LISIEUX, *Conseils et souvenirs*, Éd. du Cerf-Desclée de Brouwer, 1973, p.105.

2. S. JEAN DE LA CROIX, Lettre 47 à Marie de l'Incarnation, 6 juillet 1591 ; OC, p. 1598.

cher sur ta colère. Fais-toi chaque jour une exigence ferme de prier pour tes frères. Prie pour aimer et aime en priant, et la grâce de son amour pourra passer. Ep 4,26 1 Th 3,12-13

Reçois l'appel à l'amour fraternel comme l'ouverture à un grand mystère, car c'est par lui que tu entreras dans l'être même de Dieu. Là où est l'amour, est Dieu. Ainsi, avec tes frères, tu donnes corps à Dieu, tu traduis sa présence, tu signifies son action. Que ta communauté tout entière devienne par là théophanie de son Amour. 1 Jn 4,7-8 1 Jn 4,16 Jn 13,35

7

Pour traduire cet amour en acte et véritablement, tu vivras le partage. Partage du temps, de la table, du toit, des salaires et des biens. Ne garde rien par-devers toi, pour être riche un jour, comme le Christ, de tout ce que tu auras donné. Qu'à chaque membre de la communauté, tu puisses dire, toi aussi : tout ce qui est à moi est à toi. 1 Jn 3,18 2 Co 8,9 Lc 15,31

Ta marche vers le Christ n'est pas une aventure solitaire mais communautaire. Cet engagement commun t'invite donc aussi à l'écoute mutuelle, l'encouragement réciproque, la conversion fraternelle, dans la solidarité du même don. Ac 4,32-34 1 Co 13,7

Portez les fardeaux les uns des autres et
Ga 6,2 vous accomplirez ainsi la Loi du Christ.
En toute humilité, douceur et patience,
supportez-vous les uns les autres avec
Ep 4, 2 charité.

Du point de détail à l'engagement le
plus fondamental, tu entres donc en
Ac 2, 44-45 Fraternité pour tout partager et ainsi for-
mer avec tes frères le Corps vivant du Fils
unique. Ainsi, nous, à plusieurs, nous ne
formons qu'un seul corps dans le Christ,
étant chacun pour sa part, membres les
Rm 12, 5 uns des autres. Si tu veux et si tu vis cela,
la joie d'un tel partage effacera alors plei-
nement en toi le souvenir de tous les sacri-
Jn 16, 21-23 fices.

8 Avec tes frères et tes sœurs, pourvus de
dons différents selon la grâce qui leur a
Rm 12, 6 été donnée, vise à construire l'unité dans
1 Co 12 le respect des diversités. Mais n'oublie
jamais que la montée vers l'unité est labo-
rieuse, et facile la pente vers les diversités.
C'est à partir d'une unité forte que tu
Ep 4, 3-13 inventeras des diversités vraies.

Pour que l'unité ne soit pas un amalgame informe ou une conformité disciplinaire, et la diversité un individualisme égoïste ou une fantaisie hétéroclite, demande à

Dieu-Trinité de te révéler le secret de son Unité dans la Pluralité. Jn 17, 21

Que l'unité de ta Fraternité dise l'amour partagé. 17, 23

Que la personnalité affirmée de chacun de tes frères dise la liberté assumée. *Si tu pries, étudies ou travailles, réjouis-toi de ce que l'autre travaille, étudie ou prie pour toi* [1] . Tout cela c'est le seul et même Esprit qui l'opère, distribuant ses dons à chacun en particulier comme il l'entend. 1 Co 12, 11

Pour parvenir à aimer, sois transparent. **9**

Laisse-toi connaître et cherche à connaître. La connaissance ouvre nécessairement à l'amour. Par l'ouverture de Jn 10, 14-15
ton cœur, de tes agissements et de tes pensées, tu apprendras au mieux à coïncider avec tes frères et à déjouer les pièges du Malin : il ne s'agit pas d'être dupe de Satan. N'ignore pas ses desseins. Celui 2 Co 2, 11
qui agit dans la vérité vient à la lumière. Jn 3, 21

Sois assez humble pour te laisser regarder en vérité, et assez miséricordieux pour Ga 6, 1-10
voir sans condamner. Au prix de ce double

1. PSEUDO-MACAIRE, *La Vie cénobitique*, 3e homélie.

effort, tu verras comme il est bon et doux
Ps 132, 1 d'habiter en frères tous ensemble.

Qu'à jamais, médisances, murmures,
Jc 3, 2-10 jalousies soient exclues de ta bouche et de ton cœur. *Fuis les mesquines controverses entre frères ; rien ne divise autant que les continuelles discussions pour tout et pour rien. Sache au besoin les arrêter. Refuse-toi à écouter des insinuations sur tel ou tel frère. Sois ferment d'unité* [1] . Qui dénigre en secret son prochain, celui-là je le fais taire... Point de place en ma maison pour
Ps 100, 5-7 le faiseur de tromperie.

Ne dis jamais rien ou n'écoute rien sur un frère absent que tu ne lui aies déjà dit ou ne sois disposé à lui redire en toute clarté.

Ep 5, 8-9 Et prie pour que ta Fraternité monastique tout entière soit translucide à la pré-
Ph 2, 15 sence du Verbe comme un foyer de lumière et une icône vivante de la Trinité.

10 Ne te lasse jamais de pardonner, afin de
Col 3, 13 ; Ep 4, 27-32 ne pas donner prise au diable. Du fond du cœur, spontanément, sois miséricordieux
Lc 6, 36 et compatissant. Le Seigneur t'a pardonné
Mt 6, 12 à longueur de journée ; dans le silence de

---

1. *Règle de Taizé*, Presses de Taizé, 1966, p. 47.

ton âme, fais donc de même, inlassablement, et de tout ton cœur. Lc 17, 3 ; Mt 18, 35

Si tu as plus précisément contre l'un ou l'autre quelque sujet de plainte, va sans tarder te réconcilier avec lui par un pardon mutuel en seul à seul ; si cela ne suffit pas, confie-le aux prieurs qui verront avec toi comment agir et te réconcilier ce frère ; si cela ne suffit pas, fais-le en présence de quelques frères ; puis, parles-en à la communauté ; que tous ensemble alors se confient à la miséricorde de Dieu et au jugement de l'Esprit Saint. Col 3, 13 Mt 18, 15-18

Si quelqu'un ne voulait pas profondément aimer et pardonner, qu'il n'entre pas ou ne reste pas dans la vie monastique. Mt 5, 46-48

Dans la liberté de ta conscience, reçois la grâce du sacrement de pénitence auprès de ton confesseur et en accord avec ton prieur. Tu ne peux avancer sur le chemin de la perfection sans le soutien d'un père spirituel. Jn 20, 23

Chaque semaine, avec tes frères, devant Dieu, vis la grâce du pardon mutuel conformément à la parole de l'apôtre nous invitant à confesser nos péchés les uns aux autres. Ce pardon communautaire soudera la Fraternité et fera grandir chacun dans la lumière et la vérité. Jc 5, 16 Col 3, 13

Chaque fois que l'occasion te sera proposée, accepte de vivre avec tes frères l'exhortation fraternelle qui sera pour toi grâce d'encouragement et appel à la conversion.

11 Ne te contente pas de te dire frère de
tous : sois aussi l'ami de chacun. Fais de
Col 3, 12 chaque frère un ami sans que ce soit pour
autant ton ami. C'est à cela que le Christ
nous invite en ne nous appelant plus ser-
Jn 15, 15 ; Lc 12, 4 viteurs mais amis. L'amitié vraie épa-
Si 6, 14-17 nouit, libère, dynamise et grandit.
L'amitié par trop naturelle ou particulière,
par contre, rapetisse, divise, alourdit.
Cultive celle-là et garde-toi fermement de
celle-ci.

Par-dessus tout vis la communion. Telle
est la source dont nous vivons, élus en lui
Ep 1, 4 dès avant la création du monde et le terme
de l'appel qui nous a rassemblés en un
Col 3, 15 seul Corps. Au cœur de ce monde éclaté,
que l'unité des charismes construise l'har-
monie d'un temple saint et que la diversi-
té des membres forme la cohésion d'un
Ep 2, 21 ;4,16 Corps unique. Revêtu de la charité en qui
Col 3, 14 se noue la perfection, tu seras alors avec
tes frères, avec tes sœurs, au cœur des
villes, le signe heureux de la communion
fraternelle et, par là même, pur rayonne-

ment de Dieu. Telle est la gloire qu'en partage il t'a donnée. Jn 17, 22

Qu'à ce signe, le monde où nous sommes et dont nous ne sommes plus, nous reconnaisse pour ses disciples : à cet amour que nous aurons les uns pour les autres. Jn 13, 34-35

2. *Prière*

Prie. **12**

Comme Jésus priait, prie toi aussi. Lc 11, 1

Toute sa vie était orientée vers le Père, incessante offrande, écoute, hymne intérieur d'adoration, d'amour, d'action de grâce et perpétuelle intercession pour les Jn 10, 38
hommes. Par la prière, il était si unifié et si uni à Dieu qu'il pouvait dire être dans le Père et le Père en lui. En ce sens, il 14, 10-11
demeure le moine parfait et donc pour toi 16, 32
l'unique modèle.

Plus visiblement, il a choisi des lieux et des moments privilégiés pour rendre encore plus intense et manifeste sa prière : au Temple, sur la montagne, au désert, à l'écart, ou simplement quelque part au hasard de la journée et de la route. Autant le jour que la nuit, seul ou avec ses disciples, il priait [1].

---

1. Références bibliques de ce paragraphe, successivement : Lc 2, 41 ; Mt 21, 12 ; Jn 2, 14 ; Mt 5, 1 ; Lc 6, 12 ; Lc 9, 28 ; Mc 3, 13 ; Mc 1, 45 ; Lc 5, 16 ; Mt 14, 13 ; Lc 11, 1 ; Lc 6, 12 ; Mt 26, 36 ; Lc 9, 18 ; Lc 3, 21.

Par cette relation d'amour incessante et à travers ces temps et lieux privilégiés s'est épanouie sa vie filiale et a rayonné la
Jn 12, 45-46 lumière de sa Sainteté. En le voyant, on
14, 9 pouvait voir le Père.

Toi donc, frère ou sœur, qui es ainsi le
Ga 4, 6 fils ou la fille du même Père, si tu veux savoir comment, pourquoi, où et quand
Mt 26, 38 ; 40-41 prier, regarde Jésus et, inlassablement, fais comme lui, car lui seul peut t'ap-
Lc 11, 1 prendre à prier.

En t'appelant à la vie monastique, il t'invite à te consacrer entièrement à cette œuvre essentielle pour laquelle tu as
Mc 10, 28 accepté de tout quitter. En devenant moine, tu choisis de faire de ta vie une
1 Th 5, 17 prière et de la prière ta vie. *Toute la fin du moine et la perfection du cœur consistent en une persévérance ininterrompue de la prière* [1].

13 Le maître d'œuvre de ta vocation à la
Jn 16, 13-14 prière, c'est l'Esprit Saint. Même si tu ne sais que demander pour prier comme il
Rm 8, 9 ; faut, l'Esprit lui-même viendra au secours
8, 26 de ta faiblesse, intercédera pour toi, et t'apprendra à prier comme il convient.

---

1. JEAN CASSIEN, *Conférences* IX, 2 ; trad. E. Pichery, SC 54, 1958, p. 40.

Crois que l'amour de Dieu a été répan-
du dans ton cœur par le Saint Esprit qui te Rm 5, 5
fut donné, et qu'ainsi tu n'es plus esclave
mais fils, fils et donc héritier de par Dieu
de toutes les promesses de la gloire divi- 8, 17
ne. Toi donc quand tu pries, prie dans Jude 20
l'Esprit Saint. N'éteins jamais en toi
l'Esprit Saint. Le Père ne peut te le refuser 1 Th 5, 19
si tu le lui demandes. Lc 11, 13

C'est par la prière que tu rencontres
Dieu, l'écoutes, lui parles, accueilles son Mt 6, 6
amour et lui réponds.

C'est par la prière que tu parviens à te
connaître et à te construire toi-même, que Jn 3, 21
tu éclaires ta route et fortifies ton cœur. 1 Th 5, 5

C'est par la prière que tu comprends et Ep 5, 19
rencontres au mieux les hommes, que tu
les aides au fond du cœur et atteins dans
ce monde la suprême efficacité. Mt 7, 7 ; 21, 22

Pour Dieu, pour le monde et pour toi,
veille donc et prie sans cesse. Il n'est pas Lc 21, 36
de tâche plus belle qu'il soit donné à
l'homme d'accomplir que la contempla- 10, 42
tion.

En choisissant de prier au cœur des **14**
villes, tu veux signifier que ta vie est au Ac 2, 46
cœur de Dieu. Tu n'as pas épousé le Jn 18, 20

monachisme citadin au titre de la solidarité, de l'apostolat ou même du témoignage, mais d'abord pour contempler Dieu gratuitement, et incessamment dans sa plus
Gn 1, 27 belle image qui est, avant la solitude, la
Ez 48, 35 montagne, le désert ou le Temple, la cité des hommes, visages du Visage de Dieu et reflets de l'Icône du Christ. Moine et
Ps 135, 21 moniale de Jérusalem, tu es au cœur de la
Is 60, 14 Ville-Dieu.

Tu n'as pas cependant choisi de séparer la prière et la vie, mais de les unifier. De porter ta prière dans la ville et d'accueillir
Is 62, 5 en ta prière la ville. De vivre le lien entre l'action et la contemplation, le travail et la
1 Co 10, 31 contemplation, la rue et la contemplation.
Lc 2, 51-52 Comme Jésus, Marie, les Apôtres et tant de moines l'ont fait. Que leur exemple reste ton espérance et ton soutien.

15 Tu sais que la prière est difficile. C'est
Lc 18, 1 le lieu par excellence de la gratuité, le domaine de l'invisible, souvent de l'insensible, de l'incompréhensible, de l'ineffable, de l'inattendu. Pour toi aussi, il sera dur d'aimer un Dieu dont tu n'as pas vu le visage [1]. Aussi ta prière sera-t-elle un

1. Voir S. JEAN DE LA CROIX, *Cantique spirituel* B, 11, 5 ; OC, p. 1264-1265.

combat jusqu'au dernier soupir [1]. C'est en ce sens que Dieu a armé tes mains pour la bataille et t'a couvert la tête pour le jour du combat. Combats donc le bon combat de la foi, conquiers la vie éternelle à laquelle tu as été appelé et en vue de laquelle tu as fait ta belle profession de foi monastique. Ep 6,13 Ps 139, 8 Mt 10, 34 1 Tm 6, 12

Ne mets pas ton bonheur et tes délices en ce que tu peux entendre ou sentir de Dieu dans la prière mais plutôt en ce que tu ne peux ni sentir ni entendre... Dieu est toujours caché, difficile à trouver. Continue à le servir ainsi caché dans le secret, lors même que tu croirais le trouver, le sentir ou l'entendre. Moins tu comprendras, plus tu t'approcheras de lui [2]. La prière te révélera que Dieu est toujours le Tout-Autre et toi, toujours en deçà. Ex 3, 14

Elle te dira aussi qu'il est *plus intime à toi-même que toi* [3]. Après le passage au creuset et comme à travers le feu, avançant par la porte étroite où tu ne peux rien emporter, entre dans le lieu de ton cœur 1 Co 3,15 Mt 7,14

---

1. Agathon 9, dans *Les Sentences des Pères du désert*, coll. alphabétique, trad. L. Régnault, Éd. de Solesmes, 1981, p. 39.
2. S. Jean de la Croix, *Cantique spirituel* B, 1, 12 ; OC, p. 1224.
3. S. Augustin, *Confessions*.

profond qui contient celui que l'univers ne
Mt 6, 1 ; Si 7, 5 contient pas.

Jn 14, 27 ; 15, 11 Ainsi, dans la prière, trouveras-tu la
paix, la lumière, la joie. Elle sera source
de ton amour et force de ta vie. Pour éclai-
rer ton intelligence, prie. Pour discerner ta
route, prie. Pour unifier ton être, prie.
2 Co 3, 18 Pour illuminer ton visage et réjouir ton
cœur, prie. Pour t'incorporer au Christ,
prie : ce n'est plus toi qui vis, c'est le
Ga 2, 20 Christ qui vit en toi. Peu à peu, te voilà
éclairé, lavé, purifié, construit, réjoui,
Jn 10, 34-35 vivifié. Te voilà déifié. Tu peux entrer par
Ep 3, 19 toute ta plénitude dans toute la plénitude
de Dieu. Tu n'attends plus que de contem-
Jn 17, 24 ; 2 Co 4, 6 pler sa Gloire.

16 Sur la route de ce combat et de cette
Gloire, tu auras à apprendre tous les
Ac 14, 22 secrets de la prière :

Prie comme un pauvre. Tu es fragile,
versatile, distrait, radicalement incapable
Jn 15, 5 d'atteindre Dieu et de l'accueillir. Tu es
pécheur en face de Dieu trois fois Saint.
Accepte ta pauvreté, sachant que Jésus a
Lc 18, 14 béni la prière de l'humble publicain. La
prière du pauvre monte jusqu'aux oreilles
Si 21, 5 de Dieu.

Prie comme un enfant. Bien-aimés, dès
maintenant vous êtes enfants de Dieu. Tu 1 Jn 3, 2
n'entreras dans son Royaume qu'en deve-
nant petit enfant. Tu n'obtiendras le ciel Mt 18, 3
qu'en y croyant de toute ta foi d'enfant. Mc 10, 14
Laisse donc venir en toi le chant des
lèvres d'enfants, des tout-petits. Enfant de Ps 8, 3
Dieu, conduit par l'Esprit de Dieu, tu
auras part à la sainte liberté des enfants de Rm 8, 14-21
Dieu.

Prie au nom de Jésus. Sois fils dans le
Fils et le Père ne pourra rien te refuser. Jn 16, 27
Jusqu'ici peut-être, n'as-tu rien demandé
en son nom ? Demande et tu recevras, et
ta joie sera parfaite. Tout ce que tu deman- Jn 16, 24
deras en son nom, Jésus le fera ; le Père te Jn 14, 13
l'accordera. Tout est possible à celui qui Jn 15, 16
croit et plus encore à celui qui aime, car il Mc 9, 23
accueille alors en lui la Toute-Puissance Jn 14, 23
de la Trinité. Si donc tu aimes et crois, par
ta prière au nom de Jésus, tu pourras tout.

Prie dans l'Esprit Saint. Puisque désor- **17**
mais l'Esprit de Dieu habite en toi, que tu Ep 5,18
as reçu un Esprit de fils adoptif qui te fait
crier : *Abba*, Père, laisse-le venir en toi au Rm 8,9
creux de ta faiblesse et intercéder lui-
même pour toi en des gémissements inef- 8,26
fables. Par la prière, rends-toi docile à
celui qui te révélera la vérité tout entière Jn 16,13
et te comblera de tous ses fruits. Puisque

l'Esprit est ta vie, que l'Esprit aussi, priant
Ga 5, 22.25 en toi, te fasse agir.

Prie avec confiance. Ta prière est plus
Mc 5, 36 puissante que tu ne croies sur le cœur de
Dieu. La prière fervente du juste a beau-
Jc 5, 16 coup de puissance. Le Christ te le redit :
Tout ce que tu demanderas en priant, crois
Mc 11, 24 que tu l'as déjà reçu et cela te sera accordé.

Prie avec persévérance. Avec la joie de
l'espérance, constant dans l'épreuve, sois
assidu à la prière. Qu'elle te garde vigilant
Rm 12, 12 dans l'action de grâce, et ta persévérance,
Col 4, 2 dût-elle devenir importune, sera exaucée :
Lc 18, 1-8 à cause de ton insistance, Dieu se lèvera et
te donnera tout ce dont tu as besoin.

Lc 11, 8

Prie avec courage car les obstacles ne te
18 manqueront pas, depuis le diable, ennemi
acharné de ta prière qui, tel un lion rugis-
sant, rôde alentour cherchant qui dévorer,
1 P 5, 8 jusqu'aux sollicitations multiples de l'ex-
térieur et à ta paresse innée. Souviens-toi
Jc 1, 22-25 de la promesse du prophète : « Courage,
mes enfants, priez Dieu, il vous arrachera
à la violence et à la main de vos enne-
mis. » Au bout de l'effort, tu trouveras la
Ba 4, 21.27 paix.

Redouble de prière dans les moments
importants, à l'heure des choix, des diffi-

cultés, des tentations, des incompréhensions mutuelles, comme Jésus lui-même l'a fait. Veille donc et prie en tout temps, afin d'avoir la force d'échapper à tout ce qui doit arriver et de paraître avec assurance devant le Fils de l'Homme. Lc 6, 12 ; 10, 2 Lc 21, 36

Prie avec sobriété et simplicité. La prière est un cœur à cœur entre toi et Dieu et n'a que faire de grandes idées et de beaucoup de mots. Elle doit peu à peu te conduire à la pure écoute de celui qui a les paroles de la Vie éternelle. Mt 6, 7 Jn 6, 68

Prie dans le secret. Seul compte en toi le poids de la présence de Dieu que ta prière personnelle et solitaire nourrira. Pour toi, quand tu pries, retire-toi dans ta cellule, ferme sur toi la porte, et prie ton Père qui est là, dans le secret ; et ton Père qui voit dans le secret te le rendra. Mt 6, 5 2 R 4, 33 Mt 6, 6

Prie avec tes frères et sœurs sachant que là où deux ou trois sont réunis en son nom, Jésus est au milieu d'eux, et que l'Esprit accompagne tout particulièrement la prière partagée. La prière commune des frères, réunis autour du Fils unique, le Père aime tellement l'exaucer ! Mt 18, 19 Ep 5, 19 Ac 2, 1-4 Jn 15, 7-16

19 Pour tout dire, vise à prier continuelle-
Lc 18, 1 ment, sans jamais te lasser. Comme le
psalmiste, plaçant le Seigneur devant toi
Ps 15, 8 sans relâche, et comme le sage méditant
Si 6, 37 sans arrêt les commandements du
Seigneur, reste toujours joyeux, prie sans
Ep 5, 20 cesse. En toute condition, sois dans l'ac-
1 Th 5, 16-18 tion de grâce. Telle est la volonté de Dieu
sur toi dans le Christ Jésus.

Vénérer et honorer celui que tu crois être le Verbe et par lui le Père, tel est ton devoir et non pas à certains moments particuliers comme d'autres le font, mais continuellement, pendant toute ta vie, et de toutes manières... La prière est un entretien intime avec Dieu et Dieu prête constamment l'oreille à cette voix intérieure... Oui, le vrai spirituel prie durant toute sa vie, car prier est pour lui effort d'union à Dieu et il rejette tout ce qui est inutile, parce qu'il est déjà parvenu à cet état où il a déjà reçu en quelque sorte la perfection qui consiste à agir par amour. Toute sa vie est une liturgie sacrée[1] .

Lorsque tout ton amour, tout ton désir, tout ton effort, toute ta recherche, toute ta pensée, tout ce que tu vis et dont tu parles, tout ce que tu respires ne sera que Dieu,

---

1. CLÉMENT D'ALEXANDRIE, *Stromates*, VII, 7, éd. Stählin, Leipzig, 1909, p. 27.

lorsque l'unité présente du Père avec le Fils et du Fils avec le Père sera passée dans ton âme et dans ton cœur[1] , tu connaîtras alors la joie sans égale de la prière continuelle et tu vivras de la vraie vie. Col 4,2

Prie au matin, avec tes frères et sœurs, avant d'aller au travail, avec ceux qui vont **20** au travail, redisant : Je devance l'aurore et j'implore, Seigneur, j'espère en ta parole.

Ps 118, 147

Prie au milieu du jour, au milieu du travail, avec ceux qui sont au travail, à la sixième heure, où Jésus offrit sa vie pour toi et pour le salut du monde.

Mt 27, 45

Prie le soir avec ceux qui rentrent du travail, au seuil de la nuit, et au commencement des veilles, faisant de tout Eucharistie. Lm 2, 19

Telle soit ta liturgie qui, trois fois le jour, te ramène avec tes frères, en ton église, devant Dieu. Les fenêtres de la chambre de Daniel étaient orientées vers Jérusalem, et trois fois par jour il se mettait à genoux, priant et confessant Dieu. C'est ainsi qu'il faisait toujours.

Dn 6, 11

1. Jean Cassien, *Conférences*, X,7, SC 54, p. 81.

21 Chaque semaine, le jeudi, en souvenir
de Gethsémani où personne ne put prier
Mc 14, 37 une heure avec Jésus, prie dans la nuit, au
Is 21, 11 centre des misères et des joies de la ville
où Dieu t'a placé comme veilleur guettant
Ps 129, 6 l'aurore. Implorant toi aussi pour ton
péché et rendant grâce à Dieu pour ses
merveilles : lève-toi au milieu de la nuit,
Ps 118, 62 lui rendant grâce pour ses justes juge-
ments. C'est pour être ces veilleurs-
éveilleurs que l'Église nous a appelés à
Is 62, 6; 1 Th 5, 5-6 être debout sur les remparts de la cité. Toi,
donc, lève-toi dans la nuit au commence-
ment des veilles, répands ton cœur comme
Lm 2, 19 de l'eau devant le Seigneur ton Dieu.

Chaque jour, dans l'après-midi, ouvre
ton cœur à la méditation des Écritures et
dans la gratuité de la lectio divina, laisse
Jn 16, 14 l'Esprit lui-même façonner en toi une âme
de disciple et ouvre-toi à la joie de sa
Présence divine selon la promesse du
Christ : « Si quelqu'un m'aime, nous
viendrons chez lui et nous ferons chez lui
Jn 14, 23 notre demeure. » Que ta cellule devienne
Mt 6,6 ainsi un oratoire. Le secret de ton bonheur
est là : heureux celui qui se plaît dans la
Ps 118,97 loi du Seigneur et murmure sa loi jour et
nuit.

22 La prière fera ainsi de toi un liturge.
C'est là ta vocation de moine citadin.

Comme le chante le psalmiste, tu rendras grâce dans la grande assemblée et dans un peuple nombreux, tu loueras Dieu. N'en tire ni tristesse ni vanité. C'est à cela que Dieu t'a appelé et lui-même se complaît en son peuple. Tu as reçu pour cela mission de louange et d'intercession. Souviens-toi que *prier dans le temple de Dieu, c'est prier dans la communion de l'Église, dans l'unité du Corps du Christ ; or le Corps du Christ est composé de tous les croyants ; ainsi celui qui prie dans le temple est-il exaucé, car il prie en esprit et en vérité celui qui prie dans la communion de l'Église* [1] .

Ps 34, 18
Ps 149 ,4
Col 3, 16

Aime la liturgie que ta communauté a choisie. Sois-y présent avec fidélité et ponctualité. Montre-toi aussi docile qu'actif, sachant qu'ainsi tu fais service d'Église et accomplis ce qui plaît à Dieu. « Je les réjouirai dans une maison de prière ; leurs prières et leurs offrandes seront acceptées sur mon autel car ma Maison s'appellera : Maison de prière pour les peuples. »

Ex 12, 16; Ps 21, 23
Is 56, 7

Aime l'église où se déroulent les liturgies et sois, dans ce temple saint, plein de respect, de calme, de sérénité, de recueillement, afin que, à ta vue et à ton

1 Co 11

1. S. AUGUSTIN, Sermon 336, 6 ; PL 38, 1471.

exemple, tout alentour concoure à la priè-
1 Th 4, 12 re et à la paix.

En revêtant pour les offices la coule
Ap 7, 9 liturgique, souviens-toi que, baptisé en
Ga 3, 27 Christ, tu as vraiment revêtu le Christ et
que ton être tout entier est devenu un
Ep 1, 14 chant à la louange de sa gloire. Revêts ce
vêtement et habite cet habit à la double
lumière du Christ qui te recouvre et de
Rm 8, 9-11 l'Esprit qui t'envahit. Sois ainsi le Corps
1 Co 6, 19 du Christ et le temple de l'Esprit à la gloi-
Ep 2, 20-22 re du Père.

Que l'Eucharistie enfin, chaque jour,
1 Co 11, 26 soit le sommet de ta prière continuelle, car
alors, tu atteins au suprême degré d'union
Rm 12, 5 avec tes frères avec qui tu formes le Corps
1 Co 12, 27 du Christ, étant membre chacun pour sa
Jn 6, 56 part, et avec Dieu qui, ainsi, demeure en
toi, cependant que tu demeures en lui.

3. Travail

Travaille. **23**

L'homme travaille. Le chrétien travaille. Gn 3, 17-19
Le moine travaille. Pour cette triple raison, *à l'évidence, il te faut travailler avec zèle* [1].

Par ton travail, rejoins et imite ton Dieu.

Le Père, qui crée, juge et soutient le monde, travaille. Jn 5, 17

Le Fils, qui s'est fait charpentier, et par Mc 6, 3
sa Parole maintient l'univers, travaille. He 1, 3

L'Esprit, qui est à l'œuvre inlassablement, renouvelant les cœurs et la face de Ps 103, 30
la terre, travaille.

Réjouis-toi de vivre, par le travail, à l'image de Dieu.

Pour t'associer à l'achèvement de sa création, et te soumettre la terre ; pour Gn 1, 28
participer à sa rédemption en gagnant ton pain à la sueur de ton front sur l'ordre de ton Dieu, fils d'Adam, peine à travailler Gn 3, 19
de tes propres mains. 1 Co 4, 12

---

1. S. Basile, GR 37, p.121.

Par ton labeur vis la pâque quotidienne de la peine à l'offrande, de la contrainte à l'acceptation, et passe de l'homme soumis
1 Co 3,9 au coopérateur filial. Que ton être ainsi
1 0,31 unifié fasse tout pour la gloire de Dieu.

Ainsi seras-tu, par le travail, tout à la fois épanoui et purifié, solidaire des hommes et proche de ton Dieu.

24 Une double nécessité t'invite à travailler : d'une part, subvenir aux besoins de la communauté, en vivant du travail de tes mains de façon que ni tes frères ni toi ne
2 Th 3, 8 soyez à la charge de personne ; d'autre
Ac 20, 35 part, assister les faibles et venir en aide aux nécessiteux[1] . Ainsi la charité préside-t-elle en tout à ton ouvrage puisque son
Ep 4, 28 fruit sera pour les frères et pour l'indigent.

Ne laisse pas tes mains oisives jusqu'au
Qo 11, 6 soir.

Mets plutôt un point d'honneur à tra-
1 Th 4, 11 vailler de tes bras. Si tu ne veux pas tra-
2 Th 3, 10 vailler, ne mange pas non plus. Travaille tranquille dans le Seigneur Jésus et mange
2 Th 3, 12 le pain que tu auras toi-même gagné.

1. GR 42, p. 131.

Si tu es le pauvre qui travaille parce
qu'il n'a pas de quoi vivre sans travailler, Si 31, 4
tu es aussi le travailleur qui mérite sa
nourriture. Que ton travail soit tel qu'il Mt 10, 10
fasse donc de toi un homme humble et
libre.

Par ton travail, tu diras aussi ta solidari- **25**
té avec le monde de la ville et la foule de
ses travailleurs qui le vit, le recherche,
l'anime ou le subit. 1 Th 4, 11

Il sera pour toi lieu privilégié de la ren-
contre de l'homme frère où il est, et servi- Ex 20, 9; 35, 1
ce vécu au cœur de la cité où tu dois t'in-
sérer, car il y a six jours pendant lesquels Dt 5,13
on doit travailler. Et Jésus, comme Lc 13,14
homme, l'a redit et l'a fait. Mc 6,3

Pour être à la fois plus proche de tous et
marquer ta libre dépendance, tu refuseras Mt 10, 10
toute entreprise privée. Autant que pos-
sible, tu seras salarié, te souvenant seule-
ment que l'ouvrier mérite son salaire. Par Lc 10, 7
là même tu apprendras la dépendance et
l'humilité de la soumission. Ainsi égale-
ment recevras-tu d'une main pour redon- Mt 6, 3
ner de l'autre sans les refermer sur tes
propres gains. 1 Tm 6, 18

En choisissant de travailler autant qu'il
faut mais pas plus que tu ne dois, et non

point d'abord pour une œuvre périssable
Jn 6, 27-28 mais pour celle qui demeure en vie éter-
nelle, face à un monde où le travail est
comme sacralisé, souvent hypertrophié,
et devient le lieu de l'affrontement, de la
concurrence, de l'aliénation, de la course
aux richesses matérielles, tu dois te situer
Lc 12, 16-21 ; 31-32 en liberté et contestation.

26 En travaillant à temps réduit et pour un
salaire souvent minime, rappelle à ce
monde, sans discours mais par ta vie, les
valeurs parallèles de la prière, de la gra-
tuité, du silence, de la vie fraternelle, de
l'accueil dans la paix et de la louange, et
qu'il nous faut tous chercher d'abord le
Mt 6, 33 royaume de Dieu et sa justice. Car que
sert à l'homme de gagner l'univers s'il
Lc 9, 25 ruine sa propre vie ?

Accepte, de ce fait, avec humilité et
lucidité, de ne travailler au-dehors qu'à
mi-temps, afin de réserver pour la
contemplation, la vie commune, la solitu-
de, l'étude, l'accueil, le repos, tout le
Lc 10, 31-42 temps nécessaire à une vie paisible et
équilibrée. C'est peut-être là que le Christ
situe pour toi au mieux la dimension pro-
Lc 9,57-62 phétique de ta vie monastique.

Tu témoigneras de cela non pas en quit-
tant le monde mais en restant dans ce

monde sans être de lui. Accepte humble- Jn 17,15-16
ment et courageusement de vivre ainsi
sans pouvoir toujours le justifier ou même
le dire ; de le vivre toi-même dans l'im-
perfection et l'écartèlement, et peut-être
jusqu'au sentiment de te renier toi-même : Lc 9, 23
Si tu veux aller à sa suite, renonce à toi-
même, prends ta croix quotidienne et suis
le Christ. Mt 16, 24

Pour dire au monde du travail la valeur
de la contemplation solitaire, et au monde
de la contemplation la richesse du travail
solidaire, mets ta prière dans ton travail et Ep 6, 18
porte ton travail dans ta prière. *Donne au
travail toute sa valeur en union avec celui
du divin ouvrier, Jésus le charpentier*[1].

Selon l'expérience des anciens moines,
tu peux remplir le devoir de la prière tout
en travaillant[2]. Ainsi peux-tu tout à la
fois, selon le conseil de l'apôtre, prier sans
cesse et travailler jour et nuit. 1 Th 5, 17 ; 2 Th 3, 8

Au matin, quand l'homme sort pour son **27**
ouvrage, faire son travail jusqu'au soir, Ps 103, 23
entends la voix du Seigneur qui te crie :
« Mon enfant, va travailler à ma vigne. » Mt 21, 28

---

1. Charles de Jésus, *Œuvres spirituelles*, Éd. du Seuil, Paris, 1958, p. 487.
2. GR 37, p.121.

Tout au long du jour, redis-lui : « Fais
Ps 89, 17 réussir, Seigneur, le travail de mes mains ».

Au soir, offre tout au Père en disant :
« Je ne suis qu'un pauvre serviteur, je n'ai
Lc 17, 10 fait que mon devoir. »

Doux sera alors ton sommeil de tra-
Qo 5, 11 vailleur et Dieu bénira l'œuvre de tes
Dt 14, 29 mains.

Ton rôle n'est pas de prendre un enga-
Mt 22, 21 gement dans le domaine de *la* politique,
lieu de trop de divisions, de compromis-
Rm 13, 7 sions, d'affrontements, mais d'annoncer
debout, par ta vie, avec justice et vérité,
Ep 6, 15 l'Évangile de la paix, engagé que tu es,
moine citadin, dans *le* politique, au cœur
Ps 86, 2 de la ville (*polis*) que Dieu chérit.

28 Tu ne peux choisir ton travail par initia-
Lc 17, 7-10 tive personnelle. *Et tu serais digne de
blâme si tu n'acceptais pas un travail
imposé, péchant alors par suffisance et
par désobéissance*[1] .

Accepte avec autant de joie de travailler à l'extérieur qu'à l'intérieur, selon ce qu'il convient et qui t'est demandé. Ne tire aucune vanité à gagner beaucoup ni amer-

1. GR 41, p.129.

tume à gagner peu, sachant qu'avec tes frères et sœurs, tous ensemble, priant, étudiant ou travaillant successivement, c'est tous ensemble que nous devons d'un
même cœur, d'une seule âme et dans le Ph 2, 2
même esprit, travailler d'abord à l'œuvre Jn 6, 29
de Dieu et, par-delà toutes les tâches Lc 10, 42
nécessaires, choisir ensemble de vivre la meilleure part. Tout importe mais *Dieu seul suffit* [1].

Discerne donc avec le prieur et le conseil quel travail tu peux choisir ou accepter, et précise avec eux dans quelles conditions tu devras l'assumer.

Crois ici la sagesse des Anciens et des Pères quand ils disent : *On peut esquisser ce principe général qu'il faut choisir les métiers qui gardent à notre vie sa paix et sa tranquillité, qui n'offrent pas beaucoup de difficultés techniques et n'exigent pas*
de nous des rencontres nuisibles ou mal- 1 P 2, 11-17
séantes [2].

Pour que ton travail puisse te conduire à l'unification de l'être, à la rencontre de sa valeur la plus profonde et de sa mystique cachée, veille à ce qu'il soit :

---

1. S. Thérèse d'Avila, *Poésies* IX ; trad. M. Auclair, dans *Œuvres complètes*, Desclée de Brouwer, Paris, 1964, p. 1089.
2. GR 38, p.126.

– utile : ton travail ne saurait être ni un passe-temps, ni une condescendance, ni une concession qui le rendrait vain ou facultatif ;

– bien fait : chacun doit être attentif à son propre travail, s'y appliquer soigneusement, l'accomplir intégralement sous le regard de Dieu, y apporter un zèle actif et une sollicitude empressée... sans passer futilement d'une occupation à une autre[1] ;

– pauvre : dans sa double dépendance, de l'employeur et de la communauté, réduit dans le temps, solidaire de tous, ses
Ac 4, 34-36 gains aussitôt reversés sans pouvoir t'enrichir jamais ;

– vécu comme un témoignage donné par ton sérieux, ta fidélité, ta serviabilité, ta
Ph 4, 4-5 joie, ton empressement, ta discrétion, ton enthousiasme, ta foi sans prosélytisme mais en répudiant aussi les silences de la
2 Co 4, 2 honte ;

– équilibré et réaliste, respectant tes autres engagements, ton jour de désert, ta présence aux liturgies, exigeant sans être éreintant ni aliénant ;

---

1. GR 41, p.130.

– essentiellement, qu'il soit pour toi occasion de prière et de charité, car c'est dans l'amour que se lie toute perfection. Rm 13, 8 ; Ga 5, 14

Par-dessus tout, travaille avec crainte et tremblement à accomplir ton salut : aussi bien Dieu est là qui opère en toi à la fois l'action et l'intention au profit de ses bienveillants desseins. Ph 2, 12-13

Quel que soit ton travail, fais-le donc avec âme comme pour le Seigneur. Col 3, 23

4. *Silence*

Entre dans le mystère du silence. **30**

Le but de ta vie n'est pas de te taire mais d'aimer tes frères et sœurs, de te connaître toi-même et d'accueillir ton Dieu. Tu as Mc 12, 29-31
besoin d'apprendre à écouter, à rentrer au plus profond et à t'élever au-dessus de toi. Is 26, 20

Le silence te convie à tout cela. Lc 2, 51
Recherche-le donc avec amour et vigilance.

Méfie-toi pourtant du faux silence : ton silence ne doit être ni taciturne ni renfrogné, ni disciplinaire, ni systématique, ni raide, ni endormi. 1 P 3, 8-12

Le vrai silence ouvre à la paix, à l'adoration, à l'amour. Jn 4, 23

Vis ton silence, ne le subis pas. Tu ne l'aimeras que si tu en sais la valeur et le prix. Nulle théorie ne saurait t'en Ez 3, 27
convaincre. Mais quand tu l'auras goûté, tu ne pourras plus t'en passer. *C'est pour* Mc 15 ,5
deux motifs que tu peux choisir le silence que l'on pratique pour Dieu, hors du monde : ou bien parce que tu as atteint

déjà le degré de pureté et de science qui te fait sentir Dieu, ou bien parce que tu as entendu un autre parler de ce bien et que tu y cours toi aussi sur parole afin de l'acquérir[1] .

Prie donc pour demander la grâce du vrai silence dont Marie a le secret, elle qui conservait fidèlement tous ses souvenirs
Lc 2, 19 et les méditait en son cœur.

Si tu aimes la vérité, sois amant du silence. À l'instar du soleil, celui-ci fera que tu sois illuminé en Dieu. Il te libérera
2 Co 4, 6 *des fausses connaissances et à Dieu lui-même t'ouvrira le silence*[2] .

31 Dieu est silence. Sa Parole toute-puis-
Sg 18, 14.15 sante nous est venue de son silence paisible. Et c'est dans le murmure d'une brise légère qu'il s'est révélé à son pro-
1 R 19, 12 phète. Ton silence t'ouvrira à l'écoute de
Ps 118, 87 la Parole suprême et tu entendras du fond de toi monter une voix qui murmure : *Viens vers le Père*[3] . Par lui, tu entreras dans le mystère de Dieu, tu ouvriras ton

---

1. PHILOXÈNE DE MABBOUG.

2. ISAAC DE NINIVE, cité dans *Les Feux du désert*, Andenne (Belgique), t. II, p. 196.

3. IGNACE D'ANTIOCHE, *Lettre aux Romains*,VII, 2 ; SC 10, 1969, trad. P.-Th. Camelot, p. 117.

âme à la joie de sa présence et à la grâce de l'adoration. Ps 130, 2

Le silence matériel t'introduit au silence spirituel, et le silence spirituel te fait monter jusqu'à vivre en Dieu ; mais si tu cesses de vivre dans le silence, tu n'auras pas d'entretien avec Dieu [1] .

Ainsi le silence te conduit-il à Dieu et Dieu t'introduit-il en son silence : Celui qui fait la volonté de Dieu ne cesse jamais d'entendre sa voix intérieure. Ps 118, 33-40

Que le Seigneur creuse donc en ton être une attente et un appel orientant ta vie à recevoir et à garder la Parole du Père qui est son Fils, dans la paix de l'Esprit. Rm 8, 15-17
Goûte cette Parole divine qui se dit tout entière dans le silence : silence trinitaire qui est plénitude d'attention, de respect, de partage et d'Amour. Seule la contemplation de ce mystère saura te conduire à vivre à ton tour du secret de ce silence Ga 4, 6
intériorisé, et ton être tout entier, dans son silence paisible et fort traduira Dieu. Tu Ph 4, 7
seras, comme Jean, témoin de la lumière. Jn 1, 8

---

1. PHILOXÈNE DE MABBOUG, *Lettre à un juif converti*, 21 ; cité dans Pl. DESEILLE, *La Fournaise de Babylone*, Éd. Présence, 1974, p. 70.

Au travail, dans la rue, dans tes allées et venues privées et les transports publics, au milieu du brouhaha de la ville, emporte avec toi le secret du silence intérieur. Prends chaque jour de larges plages de silence et, quand revient le soir, médite sur
Ps 4, 5 ta couche en paix et silence. Dieu vit en
toi, écoute-le. Le silence est l'élan de ta
prière au cœur de la ville et la paix de ton
Jn 14, 23 âme chaque jour.

32 Devant tes frères et sœurs, avec eux et pour eux, vis le silence.

Silence des lèvres : en évitant de trop parler, tu éviteras la superficialité, la médisance, la légèreté et, par là même, le
péché. Qui surveille sa langue garde sa vie
Pr 13, 3 et qui parle trop se perd. Car abondance
Pr 10, 9 de paroles ne va jamais sans fautes. Prie
Dieu d'établir une garde à ta bouche et de
Ps 140, 3 veiller sur la porte de tes lèvres. En face
des murmures, des racontars, des raille-
ries, sans cesse oppose ta prière à leur
Ps 140, 5 malice.

Garde ta route sans laisser ta langue s'égarer, et place à ta bouche un bâillon
Ps 38, 2 tant que devant toi parle l'impie.

Silence du cœur, en face des jugements et des jalousies, des affections déréglées, des nostalgies ou des souvenirs qui encombrent ou envahissent. Par ton silence, humilie ton cœur devant le Seigneur et lui t'élèvera.

Ga 5, 16-26

Jc 4, 10

Résiste ainsi au diable et il fuira loin de toi ; approche-toi de Dieu et il s'approchera de toi. *Apprends ceci, mon frère : toute pensée en laquelle ne prédomine pas le calme et l'humilité n'est pas selon Dieu, mais une prétendue bonne inspiration venant des esprits mauvais. Car Notre Seigneur vient avec calme, mais tout ce qui est de l'Ennemi s'accompagne de trouble et d'agitation*[1] .

Jc 4, 8

Silence de tout ton être, en évitant le bruit autour de toi et en gardant le calme en toi. Tu sais que *le bien ne fait pas de bruit et que le bruit ne fait pas de bien*[2] Dans la vie commune, *le calme est une nécessité pour les frères qui prient, lisent, écrivent, ou, le soir, se reposent*[3] . Par amour, surveille donc ta façon de marcher, de travailler, d'accueillir, de parler. Le silence aussi est charité.

---

1. BARSANUPHE et JEAN DE GAZA, lettre. 21 ; *Correspondance*, trad. L. Regnault et Ph. Le Maire, Éd. de Solesmes, 1972, p. 27.

2. S. FRANÇOIS DE SALES.

3. *Règle de Taizé*, p. 37.

Sois donc discret dans l'accueil, court au téléphone, concis dans ta correspondance, sobre dans le ton de ta voix, mesuré dans ton rire[1] .

Plus profondément, par le silence, apprends à aimer. Il est le fruit de la communion fraternelle en même temps que le
Rm 12, 14-18 chemin vers cette communion. Par lui tu apprendras à coïncider avec tes frères et sœurs et à trouver le juste équilibre entre une vie désormais cachée avec le Christ
Col 3, 3 en Dieu et partagée dans la dette première
Rm 13, 8 de l'amour mutuel.

34 Comme le demande saint Benoît, ne cherche jamais à défendre ou à protéger un frère[2] , car tu risques fort alors de perdre en vaine et inutile parole ce que le silence et la prière auraient pu te faire gagner pour l'aider à se reprendre et à pro-
He 12, 15 gresser. Le murmure entre frères tue la
2 Tm 2, 23-26 communauté. Fuis-le à tout jamais.

Ne sois pas pour autant taciturne ou muet devant tous les torts et les manque-
Ez 3, 19 ments. À l'occasion, reprends, menace, exhorte mais toujours avec patience et le

---

1. GR 17, p. 86 ; *La Règle de S. Benoît* (RB) 7, trad. A. de Vogüé, S C 181 et 182, 1972, I, p. 487.

2. RB, 69 (II, 665).

souci d'instruire. L'Écriture et les Pères disent qu'il faut aussi savoir parler devant les torts ou le péché d'un frère[1] . L'exhortation fraternelle qui est juste et vraie ne trouble pas le silence mais y ramène et y conduit si c'est dans l'amour qu'elle s'exprime.

2 Tm 4, 2
Lv 19, 17
Mt 18, 15

Mieux vaut parfois faire des reproches que de garder silencieusement sa colère. Celui qui s'accuse d'une faute lève une peine. Quand il le faut, va donc d'abord te réconcilier en parlant avec ton frère, puis reviens prier en silence devant l'autel et sache t'exprimer quand la correction fraternelle l'exige.

Si 20, 2-3
Lc 17, 3
Mt 5, 24

35 Pour s'ouvrir au vrai silence de charité, il convient parfois de commencer par parler :

Va trouver ton ami : peut-être il n'a rien fait. Et s'il a fait quelque chose, il ne recommencera pas.

Va trouver ton voisin : peut-être il n'a rien dit. Et s'il a dit quelque chose, il ne le redira pas.

Va trouver ton frère, car on calomnie souvent. Ne crois pas tout ce que l'on dit.

Souvent on glisse sans mauvaise intention ; Et qui n'a jamais péché en paroles ?

Si 19, 13-16

1. PR 47, p. 199.

Vis un silence de confiance, sans mur-
Qo 7,21-22 mure intérieur et sans soupçon.

Pour le reste, sois sobre. L'homme sage
Pr 11, 12 sait se taire jusqu'au bon moment. Parle
quand c'est nécessaire, résume ton dis-
cours, dis beaucoup en peu de mots et
sache te montrer ensemble entendu et
Si 32, 7 silencieux. « Plus il y a de paroles, plus il
Qo 6, 11 y a de vanité. Alors, à quoi bon ? »

36 Le silence t'apprendra à construire en
toi l'homme intérieur qui chaque jour doit
Col 3, 10 se renouveler à l'image de son Créateur.

Le silence remettra de l'ordre en toi quand tu seras inquiet, tenté, fatigué. Il t'apprendra à te dominer, te contraindre, devenir maître de toi, car il est dit que si tu ne commets pas d'écart de langage, tu es un homme parfait ; tu es capable de
Jc 3, 2 réfréner tout ton corps.

Le silence t'apprendra à oublier les mauvaises habitudes, à te laver des bavardages intérieurs, à trouver les attitudes
Pr 10, 19 justes et les mots vrais.

Le ton de la voix, la discrétion dans les paroles, le moment opportun, la nature spéciale des termes familiers et particuliers à ceux qui vivent dans la prière sont autant de choses qu'il est impossible de connaître si l'on n'a pas désappris les usages et les discours du monde. Or le silence permet d'oublier les anciennes habitudes en ne les pratiquant plus et il donne le temps de s'instruire des bonnes. C'est pourquoi, le plus possible, tu dois garder le silence[1] .

Au creuset du silence, tu apprendras la **37**
sainteté : car c'est lui qui t'ouvrira la porte de l'humilité, de la contemplation, et de la miséricorde. En te conduisant à l'oubli de toi, le silence te fera trouver Dieu et, au cœur de Dieu, tu retrouveras le monde, à 2 Th 5, 15
la lumière de Dieu.

Vis-le donc à l'extérieur, goûte-le à l'intérieur, et tu connaîtras la joie parfaite de ceux qui gardent au cœur ses commandements et demeurent silencieusement en son Amour. Jn 15, 10-11

Avec ta communauté, précise les temps et les lieux où, d'un commun accord, il sera demandé de garder le silence ou d'échanger ; de se détendre ou de se taire ; Ep 5, 21
et respecte-les. Tu ajouteras ainsi à la vertu du silence celle de l'obéissance et de l'humilité.

---

1. GR 13, p. 78.

Quand l'heure est venue de l'échange, de la détente (comme le dimanche soir), sois-y participant de gaieté de cœur, car il
Qo 3, 4 y a aussi un temps pour rire et l'amour
1 Co 13, 6 met sa joie dans la vérité.

38 Garde tout particulièrement ton jour de désert hebdomadaire et vis-le à la suite du
Mt 14, 13 Christ qui aimait ainsi se retirer à l'écart et
Lc 9, 18 ; Mc 6, 31 y entraînait ses disciples. Que rien ne t'en dispense car cela est nécessaire à ton équilibre physique, psychologique et spirituel de moine citadin. Au cœur de ces jours de solitude, Dieu te convie pour te séduire, te conduire au désert, et, dans le silence, par-
Os 2, 16 ler à ton cœur.

Enfin, vis comme une profonde richesse le grand silence de chaque soir selon ce qu'enseignent saint Benoît et tous les Pères[1], car la nuit est un grand mystère porteur des secrets de la Création, de
Lc 12, 35-38 ; Mt 25, 6 l'Incarnation, de la Résurrection et du Retour annoncé pour le milieu de la nuit.
Lc 21, 36 Dans ce silence nocturne, veille et prie.
Ps 16, 3 Ton cœur, Dieu le visite la nuit. Toi donc,
Ps 133,2 bénis le Seigneur dans les nuits. Que ton âme le désire la nuit et que ton esprit
Is 26,9 cherche Dieu en silence, au-dedans de toi.
Ct 5,2 En paix, tu dors, mais ton cœur veille.

1. RB 42 (II, 585).

Au matin, le Seigneur lui-même ouvrira tes lèvres, et ta bouche publiera sa louange. Ps 50, 17

Te voici prêt à accueillir la grâce d'un jour nouveau.

5. Accueil

Accueille et partage. **39**

Dieu s'est fait homme pour que dans l'homme tu découvres Dieu. En accueillant les hommes, tu rencontres donc Dieu. 1 Jn 4, 7-11

Qui reçoit un semblable, en effet, reçoit le Christ, et qui le reçoit ainsi, reçoit celui Mt 10, 40-42
qui l'a envoyé. Mc 9, 37

Par là même, il rencontre réellement le Père que personne n'a jamais vu. Ainsi, Jn 1, 18
l'accueil et le partage ouvrent-ils étonnamment à la contemplation de Dieu.

Or comme, également, Dieu est lui-même accueil et partage, en vivant cette exigence, tu agis comme lui et tu es aussi conduit, merveilleusement, à l'imitation de Dieu.

C'est pourquoi l'hospitalité a toujours été une vertu typiquement monastique. Silence, ferveur, ascèse, solitude ne suffi- Rm 12, 13
sent pas. Seul l'amour est valeur suprême. 1 P 4, 9

Prie le Seigneur de t'ouvrir les yeux à ce mystère.

Dieu a en toi creusé un grand espace et
2 Co 4 ,7 déposé un vrai trésor. Tu as, dès lors, le
double devoir de recevoir et de donner. De
partager le trésor du Royaume qui est au-
Mt 6, 19-21 dedans de toi, et d'élargir l'espace de ta
Is 54, 2 tente à ceux qui sont autour de toi.

40 Sois accueillant à Dieu.

Tu ne sauras donner et partager que si tu
es rempli de lui ; tu ne sauras accueillir en
vérité que si tu es habité par lui. Par ta
prière et ton amour, accueille en toi la pré-
Lc 18, 17 sence de Dieu et elle rayonnera. Les
grâces de Dieu ne te sont données que
Jn 14, 23 pour être partagées.

Puisque tu n'as rien que tu n'aies reçu,
1 Co 4, 7 ne garde rien que tu ne puisses donner.
Accueille Dieu pour le partager.

Sois accueillant à ta communauté.

Soyez accueillants les uns pour les
autres, dit l'apôtre, comme le Christ le fut
Rm 15, 7 pour nous à la gloire de Dieu. Nulle mai-
son divisée contre elle-même ne saurait se
Mt 12, 25 maintenir. Seule sait accueillir une
Fraternité unie.

Au jour le jour, à chaque instant du jour, en ton cœur, accueille tes frères et sœurs. Aime-les tels qu'ils sont et non tels que tu Col 3, 12-15
voudrais qu'ils soient. Que te servirait d'accueillir largement au-dehors si tu n'accueillais pas véritablement au-dedans ? En toute humilité, douceur et patience, supportez-vous les uns les autres avec charité. Par l'ouverture du cœur au- Ep 4, 2-3
dedans de ta communauté, tu apprendras la juste ouverture des portes au-dehors de ta maison.

Sois accueillant aux autres. **41**

N'oublie pas l'hospitalité car c'est grâce à elle que quelques-uns, à leur insu, hébergèrent des anges. He 13, 2

Accueille la ville. En choisissant d'y demeurer, tu accueilles son rythme, ses lois, ses questions, ses drames, ses difficultés, sa sainteté. Que ce partage solidaire te rende crédible à ses yeux dans ce que tu vis et crois au milieu d'elle. Comme on fond l'argent dans le creuset, de même vous serez fondus au milieu de la ville, Ez 22, 22
ainsi que le Christ à Jérusalem. Lc 13, 33

Accueille les citadins. Les hommes qui t'entourent, que tu côtoies, reçois, qui prient avec toi, sont des assoiffés d'eau

Mt 6, 34 vive, marqués par la fatigue, l'inquiétude, la solitude, l'anonymat, le bruit. Essaie, pour eux, de partager une oasis de prière et de paix.

Sois accueillant à ton quartier, tel qu'il est, et songe, en y vivant, à la double exigence du bon voisinage et du témoignage.
Mt 18, 5-7 N'y sois pour eux ni occasion de scandale
Ps 43, 14 ni la fable et la risée de ton entourage.

42 *Les hôtes qui se présentent à la porte doivent être reçus comme le Christ... En t'empressant de les accueillir avec toutes les attentions de la charité... en les saluant humblement à l'arrivée et au départ pour honorer en eux le Christ* [1], souviens-toi de la belle tradition de l'hos-
Lc 10, 38 pitalité monastique.

Accueille avec beaucoup d'affection et
Ep 6, 1-3 de joie tes parents et les parents de tes frères, sachant, d'une part, que c'est pour toi un commandement de Dieu que de les
Ex 20, 12 honorer et de les servir comme le
Si 3, 6-8 Seigneur et, d'autre part, que s'ils n'ont plus la joie de t'accueillir souvent chez eux, ils doivent avoir celle d'être toujours
Tb 4, 3 bien accueillis chez toi.

---

1. RB 52 (II, 611-613).

Sois particulièrement attentif à ceux
dont la société moderne fait des margi-
naux ou des exclus, et que Jésus appelle
les malades, les prisonniers, les étran- Mt 25, 31-46
gers... Ils sont porteurs pour toi d'une pré-
sence particulière du Christ. Accorde-leur Mt 25, 44
le partage de ta table, de ton espérance et
de ta foi. Si un étranger vient vers toi, tu
ne le molesteras pas ; il sera pour toi
comme un frère et tu l'aimeras comme
toi-même. Lv 19, 33

Accueille ceux qui demeureront tou- **43**
jours des pauvres parmi nous. « Car hélas, Lc 14, 12-14
les pauvres ne disparaîtront pas dans ce
pays. Aussi je te donne ce commande-
ment : tu dois ouvrir ta main à ton frère, à
celui qui est humilié et pauvre dans ton
pays. » Entre-t-il un pauvre chez toi, dans Dt 15, 11
l'une des villes que Dieu t'a données ? Tu
n'endurciras pas ton cœur ni ne fermeras
ta main à ton frère pauvre, mais tu l'ac-
cueilleras, la main ouverte, et lui prêteras
ce qui lui manque. Et quand tu lui donnes, Dt 15, 7
donne-lui de bon cœur. 15, 10

Accueille chacun sans juger, sans rechi-
gner, te souvenant du Christ, cet homme
faisant bon accueil aux pécheurs et man-
geant avec eux. La vie monastique au Lc 15,2
cœur des grandes villes peut être pour
beaucoup un humble et profond appel à la

conversion. Ne fais donc ici en rien barrage à la grâce de Dieu.

Enfin, sache accueillir les enfants en leur faisant une place toute particulière à la liturgie, à l'image du Christ qui les accueillait et demandait de les laisser venir à lui et même de le reconnaître tout
Lc 9, 48 spécialement à travers eux : « Laissez venir les petits enfants, ne les empêchez pas, car c'est à leurs pareils qu'appartient
Mc 10, 14 le royaume de Dieu. »

44 À la table fraternelle, accueille ceux et
Lc 7, 36 celles que la Providence t'envoie ; accueille-les dans le silence et la gratuité. Outre le repas, tu leur offriras aussi un peu de calme et de paix, et ta prière se nourrira de ces rencontres. Pense à tout ce que
Mt 9, 10 ; 26, 7.17 Jésus fit, dit, révéla pendant qu'il était à table, et à sa promesse d'être un jour ensemble pour manger et boire à sa table
Mt 19, 28 dans son Royaume. La table, pour Dieu, est chose sacrée, au milieu de ce monde éclaté ; il te faut retrouver et garder ce trésor oublié.

Fais en sorte que les lieux eux-mêmes soient accueillants. Que la Fraternité soit propre, gaie et spontané le geste de bienvenue. Que l'église traduise une présence, évoque un chaleureux mystère, et que toutes les informations nécessaires y soient données avec précision et clarté. Que soient particulièrement serviables, mais discrets, souriants et attentionnés, ceux qui auront pour mission d'y assurer plus durablement une présence au bureau d'accueil[1].

Cependant, si ton accueil doit être large et généreux, il ne peut se faire aussi qu'avec discernement. **45**

Aie donc l'humilité de tes limites. Vis l'accueil, mais sans transformer ta Fraternité monastique en bureau d'information ou de bienfaisance. Préserve ton Mc 6, 31
repos, ton silence, ta prière, ton temps. Lc 9, 10
Sache abréger une conversation, reporter une visite, aller d'emblée à l'essentiel. La 2 Tm 2, 16
profondeur de l'écoute ne se mesure pas à la longueur des dialogues. Il n'est pas bon de se laisser aller au risque d'être emporté à tout vent de doctrine, comme des Ep 4, 14
enfants emportés et ballottés au vent des vains discours. 2 Tm 4, 3

De toute façon, tu ne saurais répondre à toutes les questions, suffire à toutes les Jn 12, 8
demandes. Amène donc tes relations et tes amis à comprendre les nouvelles exigences de ton état de vie. Si ton idéal est

1. Voir RB 66 (II, 659-661) ; GR 32, p. 111.

Lc 14, 26 sincère, ils le comprendront. C'est à rompre pour mieux communier que le Christ te convie ainsi, en te demandant de
Mt 19, 29; Lc 14, 25-27 couper avec tout ce que tu as de cher.

46 Crois donc aussi aux dangers d'un accueil qui serait fait sans mesure ni discernement communautaire : tu courrais alors les risques graves de la saturation et
Lc 10, 7-11 de la superficialité, de la dispersion et de l'accaparement. Ne sois pas nulle part en voulant être partout, ni attentif à personne en courant après tous. Tu ne pourrais vivre la disponibilité et la gratuité de ta prière au nom de tous, si tu étais par trop retenu par quelques-uns seulement. Au cœur de Dieu, tu restes au cœur de tous.

N'accapare jamais un hôte. Ne te disperse pas dans l'accueil et, selon le conseil de saint Basile, ne t'y fourvoie pas ; pour cela, accepte que reçoivent plutôt les visiteurs *ceux qui ont reçu le charisme de la parole et qui savent dire et écouter avec sagesse pour l'édification de la foi*[1] . Que ton langage soit toujours aimable, plein d'à-propos, avec l'art de
Col 4,6 répondre à chacun comme il faut, loin de toute superficialité, trivialité et vain
Ep 5,4 bavardage.

1. GR 32, p. 111.

Dès ton entrée dans la vie monastique, vis de franches ruptures : largue les amarres. Laisse tes carnets d'adresses. Suspends ton téléphone. Retrouve d'abord en Dieu tes parents, tes amis et tes relations. Crois fort au mystère de la communion des saints. Dieu est plus fort que tes propres forces et si tu quittes tout pour lui, tu recevras le centuple en cette vie déjà et, au cœur de Dieu, tu accueilleras et partageras à tous les vrais trésors de la vie éternelle. **47**

Mt 5, 29-30

Mc 10, 30

Mt 19, 27-29

Préserve coûte que coûte ton temps, précieux entre tous, de *lectio divina*, chaque après-midi. C'est pour toi, et plus particulièrement dans la vie urbaine, un point essentiel et vital. Interdis-toi toute visite à cette heure-là.

Ne fais à l'extérieur aucune visite sans t'en être au préalable ouvert au prieur afin de mieux pouvoir discerner avec lui s'il est utile que tu la fasses ou meilleur que tu y sursoies.

Ainsi, peu à peu, trouveras-tu la place d'une sage clôture qui, sans être murale ou moralisatrice, réservera pour tes frères et pour toi, des lieux et temps où rien ni personne ne pourra te distraire, t'accaparer ou te troubler. Et tu apprendras par là **48** le secret précieux de la garde indispensable des paroles, des pensées et du cœur, à te construire de l'intérieur et à durer.

Il te reste à présent, fort de cette ouverture d'amour et de cette sage rupture, à partager le plus précieux des dons de Dieu : la table de sa Parole et de son Eucharistie. L'essentiel de ton accueil en effet réside en ceci : accueillir dans la prière, par la prière et pour la prière. Faire jaillir des sources est plus important qu'aménager des structures. Creuse donc
Jn 4, 10-14 ; le puits, et partage l'eau vive promise à
7,3 8 ceux qui croient en lui.

49 Au terme, il importe peut-être davantage que tu cherches à être accueilli plus qu'à accueillir. Accueilli pour ce que tu es.

Sois vraiment qui tu es. Alors tu seras reconnu en vérité.

Mt 5, 48 Sois parfait comme le Père du ciel est parfait et tu témoigneras de celui qui te sanctifie.

Sois irréprochable et pur, enfant de Dieu sans tache au sein d'un monde où tu brilleras avec tes frères comme un foyer
Ph 2, 15 de lumière. Que ta vie indique sans peur et

sans bruit le chemin de la Source et Dieu lui-même accueillera et désaltérera les fatigués. Les saints n'ont pas besoin qu'on Jr 31, 25
les entende, leur existence est un appel. La Sagesse de Dieu proclame par leur bouche : « Venez, mangez de mon pain et buvez du vin que j'ai préparé pour vous. » Pr 9, 1-6

Au terme, nous sommes tous accueillis, nourris, servis et enseignés par Dieu. Jn 6, 45-58

Monastiques

6. *Moines et moniales*

La vocation des frères et des sœurs de Jérusalem est monastique. **50**

Notre but premier n'est pas d'abord dans la recherche d'une vie communautaire, apostolique, sacerdotale ou caritative, mais dans le désir de devenir ensemble des moniales et des moines au plus profond de notre cœur.

Tu n'as pas à conquérir cette vie monastique mais à y être enfanté. Bien que poussé par l'Esprit qui fait toute chose nouvelle, à vivre librement ta vie, tu ne peux ignorer l'immense richesse de réflexion, d'expérience, de sagesse, de sainteté vécue et transmise par tous ceux et celles qui nous entourent ou nous ont précédés. Pour tout l'essentiel, ta route est donc balisée et l'Église t'invite à la suivre. Ga 5, 25

Écoute, mon fils, les préceptes du Maître, incline l'oreille de ton cœur, accueille de bon gré l'enseignement du Père qui t'aime et mets-le parfaitement en pratique[1] . « Moi le Seigneur ton Dieu, je

1. RB, Prologue (I, 413).

t'enseigne aujourd'hui ce qui t'est salutaire et je te fais cheminer sur le chemin
Is 48, 17 où tu marches. »

51 Ne crois donc pas aller plus vite ou avancer mieux en cherchant à tout prix à improviser ou à innover. *Il vaut mieux boiter sur le chemin que marcher à grands pas hors du chemin. Car celui qui boite sur le chemin, même s'il n'avance guère, se rapproche du terme, tandis que celui qui marche hors du chemin, plus il court vaillamment, plus il s'éloigne du terme*[1]. Crois donc que la prière de tous tes devanciers t'accompagne tout au long de cette route monastique et que l'expérience de ces Pères t'instruit.

Ce que Dieu nous demande aujourd'hui, c'est de prolonger, par notre vie pécheresse, la tradition de tant de vies saintes, enveloppés que nous sommes, nous aussi,
He 12, 1 d'une si grande nuée de témoins.

Ainsi l'Esprit et l'Église (l'Écriture et la Tradition) nous enseignent-ils ce qu'est la vocation monastique.

---

1. S. THOMAS D'AQUIN, *Evangelium B. Joannis, Expositio, caput* XIV, *lectio* II, n° 3 (citation de S. AUGUSTIN, *De Verbis Domini*, sermon 54).

La vie monastique est premièrement 52
évangélique.

Elle est l'expression directe de notre charisme baptismal qui veut nous faire passer, à la suite du Christ, de la mort à la vie afin que nous vivions nous aussi dans une vie nouvelle. Le moine n'est Rm 6, 4
rien d'autre qu'un chrétien intégral. Pour cela, il s'efforce de vivre la radicalité de l'Évangile dans l'absolu d'un geste prophétique. Pour se situer au plan central du christianisme, il accepte d'être lui-même ce champ où la grâce vit la reprise de la 1 Co 3, 9-17
création de l'homme par Dieu et la déification de l'homme en Dieu.

Le mystère monastique n'est rien d'autre que celui de l'unique nécessaire de l'Évangile, acceptant de tout ordonner et Lc 10, 42
tout subordonner à la rencontre vivante, Jn 14, 1-9
aimante et comblante de Dieu. Toute sa vie, orientée vers la reconquête de cette image et de cette ressemblance, est une Gn 1, 6
déification en cours qui le conduit vers la similitude d'une même image, toujours plus glorieuse, celle-là même du Fils 2 Co 3, 18
unique. Ep 4, 13

Ton baptême a fait germer en toi un désir infini de Dieu ; il fait retentir en ton âme un appel incessant à la sainteté. En 1 Th 4, 3-8
répondant à ta vocation monastique,

réponds donc à cet appel baptismal. À la Parole de son Amour divin, réponds par la parole de ta foi chrétienne, de la foi
Ga 5, 6 s'exerçant dans la charité. Si tu es ce baptisé qui aime, prie, travaille, partage et se repose en Dieu, et qui ne cherche en ce
Mt 6, 33 monde, dans l'esprit des Béatitudes, que Dieu, Seul nécessaire, tu seras moine ou
Jn 6, 27 moniale en vérité. Va jusqu'au bout de l'Évangile : là est inscrit tout le secret de la vie monastique.

53 La vie monastique est centrée sur Dieu et orientée vers lui : elle est théocentrique.

Toute la vie du moine est d'abord une quête de Dieu. Son existence est incessamment orientée vers le jour de sa ren-
Ph 3, 20 contre. Notre vie ne saurait avoir de meilleur but que ce terme de lumière. Le moine et la moniale se font un devoir de ne jamais oublier cela ; ils vivent tendus
Ac 3, 20-21 vers cette promesse, animés de l'espéran-
Ps 129, 6 ce du veilleur qui sûrement attend l'aurore, et portés par l'amour de la fiancée qui attend fidèlement, lampe allumée, le
Mt 25, 6-7 retour de l'époux. Dieu t'a fait pour lui et ton *cœur sera sans repos jusqu'à ce qu'il repose en lui*[1] . En entrant dans la vie

1. S. AUGUSTIN, *Confessions*, L. I, I, 1; Bibliothèque augustinienne 13, 1962, p. 273.

monastique, examine donc avec soin si tu
cherches vraiment Dieu[1] ; non pas un sou- Jn 1, 38
tien affectif, un élan apostolique ou même
un climat spirituel, mais Dieu, seulement Jn 14, 8
et premièrement Dieu. Si tel est bien ton
unique désir, pars alors vers le lieu et le
jour de cette rencontre, sans te borner à Ex 33, 18
l'attendre passivement, mais en répondant
de tout ton cœur à cet appel où Dieu a mis
tout le sien. Car le royaume de Dieu
souffre violence et ce sont les violents qui
s'en emparent à l'avance, au prix des plus
grands renoncements. Mt 11,12 ; Lc 16, 16

La vie monastique est une présence à **54**
Dieu.

Nous sommes immergés dans un mystère : avant nous, en nous, au-delà de nous,
il y a Quelqu'un. Dieu *est*. Il est *là* et il Ap 4, 2
parle. Il te parle et tu vis sous son regard. Ps 139, 1.23
Le moine s'efforce de vivre en présence
de cette personne par excellence qui est à
la fois le « Tu » auquel s'adresse tout son
amour et le « Je » qui s'adresse à lui le
premier par pur amour. Dieu t'a appelé Jn 10, 14
par ton nom et tu oses l'appeler de son
Nom. Tu sais ton propre nom gravé sur
ses mains divines et tu laisses le Seigneur Is 49, 16
graver son Nom divin sur ton propre front, Ap 14, 1

1. RB 58 (II, 627).

Dt 6, 8 attacher sa Loi à ta propre main. Pour le
moine, la moniale, tout, toujours, partout
est commandé par le mystère de cette
Is 44, 6-8 omniprésence, au point que tout ce qu'il
dit, pense, fait, en est transfiguré. Pour le
moine, la moniale, tout est reçu. Tout est
icône de Dieu. Rien ni personne ne peut se
Sg 13, 5 préférer à cet amour, rien n'est profane,
tout est sacré — non point sacralisé mais
consacré ; la moindre chose, le moindre
moment, chaque événement oriente à
cette Présence et invite au grand recueille-
ment. Contacts, rencontres sont ainsi
transformés, éclairés de cette lumière,
transparents à cette clarté, au long du jour,
tout est béni de bénédictions, le temps
comme l'espace redeviennent sacrés ; et
tous les éléments de ton existence doivent
être comme dissous, refondus et recons-
truits pour être réunifiés au feu de Dieu.

Si tu es moine, pour toi Dieu est tout. Tu
n'as donc guère à parler car tu es le
Dt 10, 12; 26, 17 témoin à qui Dieu redit : « Marche devant
1 R 3, 6 moi. » Comme David, comme Jean-
Lc 1, 17 Baptiste, tu es devant Dieu et tu avances
devant Dieu, mû par cette sommation glo-
bale ; toute ta vie est désormais orientée
par cette écoute et tu n'as plus à te préoc-
cuper ni du vêtement, ni de la nourriture,
Mt 6, 25-34 ni du lendemain, mais du seul royaume de
Lc 17, 21 Dieu qui est là, au-dedans de toi.

Cette présence à Dieu entraîne la vraie **55**
présence à soi-même, car l'homme habité
par Dieu est habité par lui-même. Le Jn 14, 23
moine, invité par la prière et le silence à
rentrer au plus profond de soi, en effet, s'y
découvre lui-même en même temps qu'il
y découvre Dieu. Là, n'importe qui ni Ap 3, 20
n'importe quoi ne peuvent rentrer n'im-
porte quand. Sa vie est comme en clôture
en ce sens que cet être nouveau est un Ga 6, 15
homme rempli qui a trouvé dans l'Esprit
sa plénitude, non pas un homme clos mais Ep 3, 16.19
un homme habité. « Si quelqu'un vit dans
le Christ, c'est une création nouvelle ;
l'être ancien en lui a disparu, un être nou-
veau est là, et le tout vient de Dieu. » 2 Co 5, 17

Cette présence ne doit te rendre ni
insensible, ni distant, ni hautain ; elle t'ou-
vrira au contraire à un nouveau mode d'at- 1 Jn 4, 16
tention aux autres et au monde : une atten-
tion spirituelle faite de délicatesse, de ten-
dresse, de réalisme, de respect. La paix
ainsi retrouvée plongera ton âme dans une
joie quasi paradisiaque où tout, nature, Ph 4, 7
objets, personnes, événements, épreuves
pas à pas seront transfigurés à la lumière
de cette présence et de ce premier souve-
nir retrouvé nous rappelant que nous
avons été faits à son image et qu'un jour, Ps 40, 13; 55,14 ;
éternellement, nous vivrons en sa présence. 139,14; Os 6, 2

56 Toi donc, comme Abraham, marche en
Gn 17, 1 sa présence et sois parfait, et tu verras et
Ps 136 goûteras comme est bon le Seigneur, heureux de t'abriter en lui.

Veille sur toi-même avec grand soin et tiens-toi devant Dieu constamment, en sorte que tu ne fasses aucune chose, même la plus petite, en dehors de sa volonté. Mais quoi que tu veuilles faire — parler, aller chez quelqu'un, travailler, manger, boire ou dormir — examine d'abord si elle est selon Dieu ; alors tu pourras louer Dieu en la faisant ; sinon ne la fais pas. Et ainsi tu agiras désormais comme il convient devant Dieu, et tu le loueras par toutes tes pensées et tes actions afin d'avoir auprès de lui une grande proximité et une grande assurance[1] .

Aspire à vivre du perpétuel souvenir de Dieu, dans la lumière de sa présence et le désir brûlant de sa rencontre, et dans la joie du renoncement à tout ce qui te couperait de lui tu pourras redire : « Je me suis souvenu de Dieu et j'ai été dans la
Jon 2, 8 ; Tb 4, 5 joie. »

La moniale ou le moine, c'est quelqu'un à qui Dieu suffit.

---

1. ABBA ISAÏE, dans *Les Sentences des Pères du désert*, Éd. de Solesmes, p. 253.

57

La vie monastique est imitation du Christ et marche à sa suite : elle est christologique.

Parce que Jésus est la parfaite image de l'homme pour Dieu et la parfaite image de Dieu pour l'homme, Dieu passionné pour l'homme dans un Homme passionné de Dieu, tu es invité à faire en toi l'unité entre l'homme et Dieu dans l'imitation du Dieu fait Homme. Tout ton idéal monastique est contenu dans ce Visage. Jn 1, 11-16

À la suite de saint Antoine, le Père des moines, tu as entendu le même appel : « Si quelqu'un veut être mon disciple, qu'il renonce à lui-même, qu'il se charge de sa croix et qu'il me suive.» Si tu l'aimes, toi aussi, suis-le et imite-le. C'est à cela que tu as été appelé : Le Christ a souffert pour toi, te laissant un modèle afin que tu marches sur ses traces. Mt 16, 24 Jn 12, 26 1 P 2, 21

Ta vie monastique te convie à vivre le mystère du Corps du Christ et des noces de l'Agneau pour ne plus faire qu'un avec lui : pour être aimé du Père, conforme-toi à son Fils unique, confonds-toi en lui afin de pouvoir redire : « Ce n'est plus moi qui vis, c'est le Christ qui vit en moi. » Ga 2, 20 L'unification que vise la vie monastique doit te conduire à pouvoir dire un jour : « Le Christ et moi nous sommes un ; il

Jn 6, 56 demeure en moi et moi en lui. » Pour toi
Ph 1, 21 aussi, vivre, c'est le Christ.

58 Le moine réalise cette plénitude de vie lorsqu'il parvient à se couler dans la plénitude de l'adoption filiale. Parce qu'il ne quête plus les nourritures terrestres, il devient un peu plus le fils du Père céleste qui l'habite et le nourrit. Parce qu'il refu-
Mt 6, 32 se de suivre Mammon pour mieux servir
Mt 5, 9 la paix, il devient un peu plus fils de Dieu. En refusant de pactiser avec le péché, il
Mt 5, 48 est fait parfait comme le Père du ciel est parfait. En arrachant ses regards de la terre, il se laisse entraîner avec le Fils
Ep 4, 8 remontant vers les hauteurs. Sa patrie n'est plus en ce monde qui passe mais
He 11, 16 dans le ciel où le Fils est allé lui préparer
Jn 14, 3 une place. Cherchant Dieu et Dieu seul, il trouve dans le Christ la plénitude radieuse de la divinité venue rejoindre dans la chair
Ph 3, 20-21 sa propre humanité pour la transfigurer. Ravi de joie, il a découvert qu'une source existe en lui et murmure : *Viens vers le Père*[1] . Une voix lui proclame : «Je monte vers mon Père et votre Père, vers mon
Jn 20, 17 Dieu et votre Dieu» et il a pris la route à sa suite.

---

1. Ignace d'Antioche, *Lettre aux Romains* VII, 2, SC 10, 1969, p. 117.

Voilà à quoi t'invite et t'engage l'imitation du Christ dans l'idéal monastique. L'imitation te conduira à l'identification ; l'identification à l'incorporation ; l'incorporation à la divinisation. Si tu as renoncé à tout, tu seras introduit au partage de tout dans le sein du Père, car il veut que là où est son Fils, tu sois aussi avec lui pour contempler sa gloire. **59**

Jn 17, 24

Un seul nom peut résumer pour toi cette prodigieuse aventure : le Nom qui est au-dessus de tout nom, le Nom qui est le lieu privilégié de l'homme et de Dieu, le Nom qui a la légèreté et la puissance de l'Esprit, révélé à Marie qui fut avec Joseph la première à l'entendre et à le lui murmurer ; ce Nom qui progressivement doit t'absorber et en qui tu seras absorbé au point que toute la vie sera à peine suffisante pour l'apprendre, le dire et le prier, le Nom par qui tu es déjà sauvé car il est écrit en lettres d'amour, de sang et de feu : Jésus. C'est le Nom qui purifie, libère, simplifie, unifie et crée le moine au souffle de l'Esprit. Que toute ta vie monastique concoure donc à vivre du nom de Jésus.

Ph 2 ,9 ; Ac 4, 12 ; Mt 1, 21; Lc 1, 31 ; Ph 2, 10

La vocation monastique est spirituelle. **60**
Elle vise à faire de ceux qui la pratiquent des porteurs de lumière et d'Esprit. Leur

œuvre essentielle consiste à laisser trans-
paraître en eux la beauté spirituelle de la
1 Th 5, 19 création transfigurée par l'Esprit Saint.

L'âme qui possède la Sagesse porte en elle-même comme l'éclat de la lumière éternelle et le reflet de la majesté de Dieu et de même qu'intérieurement elle est pénétrée de la grâce de Dieu, de même à l'extérieur elle répand l'émanation de la splendeur et de l'amour de Dieu... Ainsi, les amis de Dieu reçoivent-ils déjà en cette vie quelque chose de la glorification qu'ils obtiendront pleinement là-haut[1].

61 Laisse donc remonter du tréfonds de toi
l'Image première de Dieu qui fera de toi
Col 3, 10 une Ressemblance dernière, comme il
convient à l'action du Seigneur qui est
2 Co 3, 15-18 Esprit. Cet Esprit te mettra de plus en
plus, si tu le laisses vivre et agir en toi,
Ga 5, 25 dans la mouvance d'une immense liberté
au-dessus de toute lettre et de toute insti-
tution, soumis à tous mais libre à l'égard
1 Co 9, 19 de tous, tout entier habité par la seule
2 Co 3, 3-6 parole de Dieu et la criant, dès lors, dans
le silence, par toute une vie d'amour.

Le moine prie Dieu par une prière ininterrompue, pour purifier son esprit des

1. GUILLAUME DE SAINT-THIERRY, *Traité de l'Amour de Dieu*, éd. M.-M. Davy, Paris, 1953, p. 131-133.

*pensées nombreuses et contraires et pour
que son esprit devienne moine en lui-
même et seul devant le vrai Dieu, n'ad-
mettant pas les pensées du mal, demeu-
rant en tout temps pur et intègre devant
Dieu*[1] . Puisque l'Esprit est notre vie, que
l'Esprit nous fasse aussi agir, afin que, Ga 5, 25
éveillés ou endormis, nous vivions unis au
Christ. 1 Th 5, 10

C'est en ce sens que la vie monastique **62**
est dite aussi angélique : non pas désin-
carnée ni désengagée, mais franchement
tournée vers le ciel où Dieu réside. Toute
vie chrétienne est attirée par cet élan
ascensionnel : nous sommes tous en
quelque sorte déjà là-haut et ce serait une Col 2, 12
illusion de croire que notre avenir est ici-
bas. Avec Jésus, le Père nous a ressuscités
et fait asseoir aux cieux dans le Christ. Ta Ep 2, 6
vocation monastique t'invite donc instam-
ment à rechercher les choses d'en-haut, là
où se trouve le Christ, à songer aux choses
du ciel, non à celles de la terre ; car tu es
déjà mort et ta vie est désormais cachée
avec le Christ en Dieu. Là aussi se trou- Col 3, 13
vent les vraies joies. Ce n'est pas d'em-
blée que tu comprendras que les choses
célestes et invisibles sont plus réelles et He 11, 3

1. Macaire d'Égypte, *Homélies spirituelles*, 56, éd. Dorries.

plus actuelles : les choses visibles en effet
n'ont qu'un temps, les invisibles sont éter-
2 Co 4, 18 nelles. C'est là l'inverse de la gloire que le
Jn 5, 44 monde cherche. Un jour nous serons tous
Mc 12, 25 comme des anges dans les cieux.

Par la virginité du cœur, la conversion des mœurs, tends à *acquérir ce clair regard qui donne de voir Dieu*[1] et, dans la liturgie, chante le Seigneur en communion avec les saints et les anges. En entrant dans la vie monastique, tu t'es approché de la montagne de Sion, de la cité du Dieu vivant, de la Jérusalem céleste, des myriades d'anges, de l'assemblée de fête
He 12, 22-23 des premiers-nés qui sont inscrits dans les
Mt 5, 8 ; cieux. Heureux si ton cœur est pur : il
18, 10 verra Dieu avec les anges.

63 À cause de cela, la vocation monastique est également prophétique.

Par toute leur vie, le moine et la monia-
1 Co 7, 31 le rappellent au monde le caractère provi-
1 Jn 2, 17 soire de leur condition présente et à l'institution ecclésiale que leur unique but, par-delà le culte, le juridisme et la morale, reste cette communion totale et immédiate avec Dieu. *C'est à une vie vraiment*

---

1. S. BRUNO, À Raoul Le Verd, 6 ; dans *Lettres des premiers chartreux*, SC 88, 1962 p. 71.

prophétique que je vous vois appliqués... Marcher dans l'Esprit, vivre de la foi, chercher ce qui est en haut et non ce qui est sur terre, oublier ce qui est derrière et se tendre vers ce qui est en avant, c'est bien prophétiser de manière partielle mais grande cependant[1] .

Sois au cœur de ce monde comme un feu allumé par le Christ pour lui en rappe- Lc 12, 49
ler la brûlante exigence, et prophète de la parousie pour lui en redire la vibrante
espérance. Marche à la suite d'Elie et de Ap 21, 1.4
Jean-Baptiste, les grands modèles de toute vie monastique. Consacrés dans l'Esprit, le moine et la moniale sont appelés à déchiffrer le visible et à scruter l'invisible, à orienter vers Dieu le maintenant et à
annoncer l'au-delà à la lumière de sa foi. 1 Jn 3, 2
Ne crains pas d'aller toujours et d'emblée à l'essentiel et, quand il le faut, de vivre en contradiction avec le monde : dans le monde tu auras à souffrir, mais garde cou-
rage, le Christ a vaincu le monde. Scrute Jn 16, 33
la trace de Dieu dans le quotidien, quête son visage dans l'invisible, garde les yeux fixés sur ta récompense, et comme si tu
voyais cet invisible, tiens ferme. He 11, 26.27

1. S. BERNARD, Sermon 37,6.

64 Ainsi es-tu conduit à considérer ta vocation comme également eschatologique.

Tout le labeur monastique vise à anticiper le règne de Dieu et à goûter dès ici-bas quelque chose de la vie promise au-delà.

Le moine est quelqu'un à qui Dieu a
Jr 20, 7 parlé, qu'il a séduit, qui s'est laissé sédui-
re et qui, désormais, brûle du désir inten-
Jn 14, 8 se de voir Dieu et d'engager avec lui un
dialogue d'amour de plus en plus fort et
Ps 42 qui ne cessera plus. Comme Jacob luttant
avec Dieu tout au long de la nuit, il répète :
« Je ne te lâcherai pas que tu ne m'aies
Gn 32, 27 béni ! » Le moine et la moniale sont pous-
sés par cette attirance invincible à être
Jn 8, 29 ; 16, 32 enfin seul avec Dieu seul pour mieux ser-
vir et retrouver en lui ce qu'ils ont quitté
pour lui. Ils sont amenés à tout mettre en
œuvre pour y parvenir, dans l'extérieur
des observances ou l'intérieur de la purifi-
cation du cœur. *La raison pour laquelle ils
aiment Dieu, c'est Dieu lui-même, et la
mesure de leur amour, c'est d'aimer Dieu
sans mesure*[1] .

65 Ils savent que Dieu reste le pur, l'inac-
2 S 22, 27 ; Is 6,3 cessible, le tout autre, le Très Saint, et que

---

1. S. BERNARD, *De Diligendo Deo*, I, 1 ; éd. J. Leclerq, t.. III, Rome, 1963, p. 119.

par eux-mêmes ils sont incapables de l'at-
teindre et ne peuvent le voir sans mourir. Ex 33, 22-25
C'est pourquoi ils veulent mourir. Non 1 Jn 3, 2
point à la vie, mais au vieil homme, au Ep 4, 22-24
monde, au péché, qui empêchent de voir,
de vivre, de s'épanouir. Ils ont compris
que s'ils ne peuvent monter jusqu'à Dieu,
ils peuvent l'accueillir en eux, le retrouver
au fond de leur cœur, et qu'à la suite de Jn 4, 23 ; 1 Jn 4, 13
Jésus, une route nouvelle est ouverte où ils
sont entraînés avec lui vers le ciel. Car ils Jn 10, 9 ; 14,6
sont morts, comme il est écrit, et leur vie
est désormais cachée avec le Christ en Col 3, 3
Dieu. Avec lui, le Père les a ressuscités et
fait asseoir aux cieux dans le Christ Jésus. Ep 2, 6
Ayant vu une porte ouverte dans le ciel,
une porte étroite et un chemin resserré qui Mt 7, 14
mène à la vie, tout se résout désormais
pour eux à prendre ce chemin et à passer
par cette porte pour plonger déjà dans la Jn 1, 51 ; 3, 7
vision qu'elle ouvre sur l'invisible.

Les yeux fixés sur cette heureuse fin, He 11, 26
que ta vie monastique cherche dès ici-bas
à inaugurer l'éternité.

Toi, donc, reconnais cet état d'exil qui te **66**
fait, parce que voyageur et étranger sur la He 11, 13
terre, aspirer à une patrie meilleure, c'est-
à-dire céleste. Sache te situer d'emblée au 11, 16
dernier jour de ta vie, et, à la lumière de ce
regard, éclaire ton existence quotidienne 2 Tm 4, 6-8

comme si ce jour était ton dernier jour.
C'est pour cela que les moines ont tou-
jours aimé méditer sur la mort et les fins
dernières. Pour vivre *un ciel anticipé*[1] ,
n'attends pas ta mort pour mourir !
Oubliant le chemin parcouru, va droit de
l'avant, tendu de tout ton être et cours vers
le but en vue du prix que Dieu t'appelle à
Ph 3, 14 recevoir là-haut dans le Christ Jésus. C'est
là que le Seigneur t'a préparé, au-delà de
2 Co 4, 17 toute mesure, une masse éternelle de gloire.

67 On ne peut parvenir à ce terme qu'au
Col 2, 13.20 prix d'une véritable mort à soi-même.
Pour être mystique, la vie monastique
reste donc fondamentalement une vie
ascétique.

Ta première ascèse est dans le renonce-
ment.

Il n'est pas possible d'être disciple du
Jn 12, 24-25 Christ sans cela. Plus encore que la voca-
tion apostolique, la vocation monastique
t'appelle à un renoncement sans hésitation
Lc 9, 23s; 14, 25s et sans partage. Le vrai moine est celui qui
accepte de tout quitter, tout de suite et
pour toujours, afin de sauver sa vie en la
Mt 10, 39 perdant pour Dieu. Tu ne peux être tout au

1. Élisabeth de la Trinité, Lettre 123 ; dans *Œuvres complètes*, Éd. du Cerf, 1991, p. 410.

monde qui vient sans avoir tout quitté du
monde qui passe. Tu ne peux servir deux
maîtres à la fois. La mesure de ton atta- Mc 4, 24
chement à Dieu sera celle de ton détache-
ment du monde. De la mesure dont tu
mesureras, Dieu mesurera pour toi. Ne
mesure donc pas tes renoncements et tu
goûteras la joie d'un amour sans mesure. Jn 16, 22
Tu sauras l'allégresse du centuple promis Mc 10, 30
à ceux qui ont tout quitté, en cette vie
déjà.

L'ascèse monastique t'invite aussi au **68**
dépouillement.

La porte du Royaume est si étroite que
l'on ne peut la franchir que dans la nudité. Lc 12, 20
Comme le Christ, tu mourras dans le total
dépouillement. Moine, moniale, tu choisis Jb 1 ,21
librement d'anticiper ce jour. Les biens
terrestres sont bénis de Dieu mais tu choi-
sis de t'en séparer. La famille est bonne Ap 3, 17-18
mais tu acceptes de la quitter, de t'arra- Lc 9, 60
cher à celle qui t'a donné le jour et de ne
pas fonder celle par qui tu pourrais donner
le jour. Tu iras même jusqu'à te dépouiller 1 Co 7, 8 ; 32, 34
de ton propre moi, jusqu'à haïr ta propre
vie, c'est-à-dire jusqu'à vivre les plus Lc 14, 26
radicales ruptures. Ce qui fait le moine,
c'est l'abandon de toute espèce de projet Ps 39, 9; Mt 7, 21;
propre. En t'appelant à être moine ou Jn 12, 49-50
moniale, le Christ a fait du monde un cru-

cifié pour toi et de toi un crucifié pour le
Ga 6, 14 monde. Ainsi la mort fait-elle son œuvre
2 Co 4, 12 en toi et la vie en lui.

69 Voilà pourquoi ta vocation monastique
te conduit à une vie de joyeuse pénitence
Mt 6, 17 et de libre privation.

Privation de nourriture, en choisissant,
avec sagesse et sans outrance, la frugalité
pour chaque jour, et le jeûne certains
Mc 9, 29 jours.

Privation de confort, en préférant, à l'ai-
Ph 4, 12 se, la nécessité ; car se mettre à l'aise,
c'est se mettre en dehors de la vraie paix.

Privation de sommeil, en acceptant la
discipline du juste nécessaire et de veiller
Mc 14, 37 parfois au moins une heure avec le Christ.

Jn 15, 19 Cela, tout un monde ne le comprendra
pas. Mais tu le vivras en union à celui qui
a tant souffert pour toi, achevant en ton
corps ce qui manque à sa Passion, et en
compassion pour le monde des plus
Col 1, 24 pauvres et pour son Corps qui est l'Église.
Renoncer, se dépouiller, se priver, accep-
Ph 3, 8 ter de tout perdre pour gagner le Christ,
c'est s'ouvrir à la vraie vie et à la joie par-
Jn 15, 11 faite. Voilà ce que chante ta vie monas-
tique.

C'est pour cela que ta vocation va jus- 70
qu'au désir de quitter la terre. Non pas par Ph 1, 21
dédain de cette vie ni mépris d'un monde
si digne d'amour, mais par désir brûlant
d'anticiper sur la vie future et d'entrer
ainsi au plus tôt dans une existence nou-
velle. Ou bien ignores-tu que, baptisé dans Ep 4, 22-23
le Christ Jésus, c'est dans sa mort que tu
as été baptisé ? Tu as donc été enseveli
avec lui par le baptême dans la mort, afin
que, comme le Christ est ressuscité des
morts pour la gloire du Père, tu vives toi
aussi dans une vie nouvelle. C'est parce Rm 6, 3-4
qu'il sait qu'on ne peut entrer au ciel sans
mourir que le chrétien redonne, avec sa
foi, un sens au non-sens de la mort causée
par le péché. C'est pour hâter cette pâque Rm 5, 12
que le moine, chaque jour, choisit de mou- 1 Co 15, 31
rir. Sa vie, nul ne la prend mais c'est lui
qui la donne. S'il ne meurt, il reste seul ; Jn 10, 18
mais s'il meurt dès ici-bas, il porte déjà du
fruit. C'est pour être vraiment vivant que Jn 12, 24
moines et moniales choisissent librement
de mourir ! Afin que ne soit pas réduite à
néant la croix du Christ. Ils vont au-devant 1 Co 1, 17
de la mort comme le Christ l'a fait, par Jn 12, 27
obéissance d'amour au Père de tout He 5, 8
amour. Qui aime sa vie la perd et qui
meurt à sa vie en ce monde la conservera
en vie éternelle. Jn 12, 25

71 Le Christ est mort pour toi, te laissant
1 P 2, 21 un exemple, afin que tu suives ses traces.
Non, tu n'as rien d'autre à savoir, sinon
1 Co 2, 2 Jésus Christ et Jésus Christ crucifié. Ta
route monastique passe donc par la croix,
non par désespoir d'amour mais pour le
Jn 15, 13 plus grand amour. Meurs au monde pour
t'ouvrir à la Vie ! Meurs à l'emprise du
Jn 8, 36 Mal pour entrer dans la liberté ! Meurs à
toi-même pour renaître à nouveau ! Meurs
1 Co 15, 26; 15, 55 à la mort, dernier et suprême ennemi de
l'homme et de Dieu, vaincue par
l'Homme-Dieu, et en toi aussi habitera
Col 2, 9 corporellement la plénitude de la divinité.
Au fond de cette immolation, s'ouvre le
chemin de ta suprême liberté : c'est pour
que tu sois libre que le Christ, t'attachant
Ga 5, 1 sur la croix avec lui, t'a libéré.

72 Pour exprimer cet idéal du christianisme intégral vivant jusqu'au bout la grâce baptismale, la tradition a trouvé un mot qui exprime tout cela à la fois, et c'est le terme : monastique.

Il signifie que, dans cet état, on est en même temps, « un » et « seul ».

Le moine est seul *(monos)*. Un, unique, unifié, uni au Dieu Unique et Trine[1] . Tu

---

1. DENYS L'ARÉOPAGITE, *Hiérarchie ecclésiastique*, VI, 3 ; trad. M. de Gandillac, dans *Œuvres complètes*, Aubier-Montaigne, 1943, p. 307.

as reçu cette vocation de marcher à la suite du Christ qui fut de plus en plus seul devant son Père, toi aussi seul en face du Jn 16, 32
Seul. Tu veux chercher Dieu en tout, toujours et partout et lui seul car il est tout, en tout être et en tout lieu. Que ce soit dans la Dt 32, 12
solitude ou le partage, dans l'amour fraternel ou la descente au fond de toi, loin des autres ou au milieu du monde, ton Jn 14, 8
désir est la rencontre du Père. Ta vie, de ce fait, ne saurait faire l'économie du silence et de la solitude. C'est dans la mesure où elle en sera en baignée qu'elle sera monastique.

Le moine doit son nom, en premier lieu au fait qu'il est seul, puisqu'il a renoncé au monde, au-dedans et au-dehors... et qu'il s'attache à un tout unique, à savoir, reposer sa pensée en Dieu seul à chaque instant[1] .

Une exigence précise et concrète tradui- **73**
ra pour toi cet essentiel du cœur à cœur avec Dieu : celle de ta cellule. Qu'elle soit vraiment pour toi le temps et le lieu privilégiés où tu reviens et d'où tu pars chaque jour, car c'est là, dans le face à face, que tu écouteras et prieras au mieux ton Père qui te voit dans le secret, et que tu resteras Mt 6, 6

---

1. MACAIRE D'ÉGYPTE.

en communion profonde avec le monde, intercédant pour lui dans ta prière et t'apprêtant ainsi à le mieux servir dans le travail, les rencontres, la liturgie. Souviens-toi de l'enseignement si éloquent des Pères : *Reste assis dans ta cellule, elle t'enseignera tout ce que tu dois savoir*[1] .

74 Le moine est également un *(unus)*.
Jn 17, 21 Unifié pour être unifiant. Unifié en lui-même et uni à ses frères. Lien d'unité entre la terre et le ciel, entre l'homme et Dieu. Ce n'est pas en effet la solitude qui
Rm 12, 9-10 est un bien en soi mais la communion. La solitude n'est que le chemin vers la communion. C'est pourquoi le moine n'est pas seulement *monos* mais également *unus*. De même qu'il n'est pas bon que l'homme
Gn 2, 18 reste seul, le but du moine ou de la moniale n'est pas d'être un solitaire, mais un être de suprême communion. S'il choisit de vivre une certaine rupture, c'est à cause du péché qui a tout mélangé et divisé.
1 Co 13,12-13 Mais, pas à pas, il veut faire l'unité, laisser la grâce, en lui, refaire l'unité.

1 Co 2, 10-15 Sois donc d'abord toi-même le champ de ta propre unification : laisse l'Esprit rétablir en toi peu à peu l'harmonie pre-

1. Moïse 6, dans *Les Sentences des Pères du désert*, p. 190.

mière ; laisse le feu de Dieu brûler en toi tout ce qui encombre l'or pur ; laisse l'eau du côté du Christ laver ta robe et tes péchés. *En paix avec toi-même tu seras alors source de paix pour les autres*[1] . 1 Co 3, 12-15

75 Dans ta communauté, construis l'unité. C'est à une œuvre de réconciliation, d'amour et de cohésion que, membre du Corps du Christ, tu es appelé. Il ne te servirait à rien d'être un saint solitaire si tu n'étais un ferment d'unité. Les moines, comme les saints, sont, *par la contemplation, unis à Dieu et les uns aux autres* [2] . *Ceux qui vivent en commun, de manière à ne faire qu'un seul homme et à réaliser cette expression de l'Écriture : «une seule âme et un seul cœur» méritent qu'on leur applique le nom de moines, c'est-à-dire d'un seul*[3] . 2 Co 5, 18 ; 1 Co 12, 12s

Au cœur du monde, enfin, où tu es, libre à l'égard de tous, demeure tout à tous afin d'en gagner, par ta prière, le plus grand nombre et qu'au terme, il n'y ait qu'un seul troupeau et un seul berger. 1 Co 9, 19 ; Ep 2, 14s ; Jn 10, 16

1. S. Théodore Studite, *Petite Catéchèse*, éd. Harduini, 1981, p. 142.

2. Origène, *Sur la Prière*. 16.

3. S. Augustin, *Commentaire sur les Psaumes*, 132,6.

76 Cette solitude et cette unité, tu ne pourras donc les vivre sans écartèlement : entre le Père et les frères ; cette vie et l'autre vie ; la prière et le travail ; le silence et le partage. Rassure-toi, c'est ainsi en tout monastère. C'est ainsi pour tout vrai chrétien.

Lc 12, 51
Mt 10, 34-39

Ta vocation passera nécessairement, comme pour Jésus et à sa suite, par l'écartèlement de la croix à cause de ce double amour dont le rachat reste le prix du sang. Jusqu'à ce que Dieu te donne de goûter en lui l'unité parfaite dans la diversité parfaite au sein de son mystère d'Amour trinitaire, tu auras à garder le souvenir de la double exigence de la solitude et de la communion. *Est moine celui qui, séparé de tous, est uni à tous*[1] .

Jn 17, 21-23

77 Un mot résume le lieu vers où converge toute cette aventure de sainteté : le cœur.

Où serait le trésor du moine sinon au fond de son cœur ? Au-dedans de toi il est un lieu, plus intime à toi que toi, où tu ne saurais même entrer sans la permission de Celui qui l'habite déjà, mais dont tu ne peux trouver le chemin qu'au prix d'un

Mt 6, 21

1. ÉVAGRE LE PONTIQUE, *Chapitres sur la prière*, 124 ; dans *La Philocalie*, DDB-J.-Cl. Lattès, 1995, p. 109.

long effort, qu'avec la lumière d'une 1 Co 2, 10
grande pureté, qu'au terme d'un total dépouillement. C'est là où Dieu a mis l'étincelle du divin que tu portes en toi, Ps 8, 6
l'image de son visage qui t'a fait à sa ressemblance, la source de l'eau vive qui peut jaillir en toi en Vie éternelle. Jn 4, 14

Dieu a fait ton cœur assez grand pour le contenir. Ton cœur contenant celui que l'univers ne contient pas, est donc plus grand que l'univers. Au cœur de toi réside le Créateur du monde et, avec lui, le Dt 30, 14
monde !

Saisi, fasciné, ébloui par cette révélation, le moine met toute son énergie à des- Dt 6, 6
cendre jusqu'au tréfonds de son cœur. Il sait que le vrai pèlerinage de l'homme est intérieur ; qu'il est un lieu de son être où Jr 31, 33 ; 24, 7
le commencement rejoint la fin, où l'Éternité rejoint le Temps ; où une réalité immortelle est inscrite en lui dès avant la 2 Co 3, 3
création du monde pour survivre à jamais, sainte et immaculée, en présence du Père, dans l'Amour. Il sait que la perle précieu- Ep 1, 4
se est cachée au milieu de ce champ et il s'en va, tout joyeux, laissant tout, afin de retourner ce champ. Mt 13, 44-45

Tu es le champ de Dieu, l'édifice de **78** 1 Co 3, 9
Dieu. Que tout dans ton existence concou-

Mt 13, 44 re donc à la découverte de ce trésor. En
vérité, en vérité, le royaume de Dieu est
Lc 10, 11 au-dedans de toi. Cherche d'abord,
cherche seulement le royaume de Dieu qui
est au tréfonds de ton cœur et tout le reste
Mt 6, 33 te sera donné par surcroît. La moniale et le
moine, c'est quelqu'un à qui Dieu suffit,
parce qu'ils ont compris cela.

C'est dans ton cœur que tu trouveras le
plus court chemin vers les autres [1]. C'est
Jr 32, 39-40 dans ton cœur que tu te sentiras le plus
proche du Très-Haut. C'est dans ton cœur
que tu découvriras ce qui est à la fois le
plus personnel et le plus commun. Si tu
descends au fond de ton cœur, tu attein-
dras à l'universel. C'est là que ta vie est
Ep 2, 18 désormais établie avec le Christ dans le
sein du Père. C'est là que ta vie est la plus
incarnée au cœur du monde pour Dieu.
C'est là que tu découvres combien tous les
Ep 4, 13 autres sont des frères dans l'unité parfaite
du même Dieu.

79 Ou bien tu seras moine au fond de ton
cœur, ou bien tu ne le seras pas.

Jn 19, 37 Contemple le cœur transpercé du Christ :
il t'enseignera de quel immense amour

---

1. DOROTHÉE DE GAZA, *Instructions* VI, 78 ; trad. L. Régnault, SC 92,1963, p.285-286.

Dieu t'a aimé. Laisse-toi, comme Marie, envahir par sa Parole qui est un glaive tranchant, plus incisive qu'aucun glaive à deux tranchants ; que la parole de Dieu pénètre en toi jusqu'au point de division de l'âme et de l'esprit, des articulations et des moelles, jusqu'à juger les sentiments et les pensées de ton cœur, et tu sauras le secret de toutes choses, au-delà même de ce qui peut monter du cœur de l'homme : là, en toi, l'Esprit scrutera tout, jusqu'aux profondeurs divines ! Lc 2, 35 He 4, 12 1 Co 2, 9-10

Le vrai moine, comme le vrai croyant, l'est au-dedans, dans le cœur, selon l'Esprit et non selon la lettre, il tient sa gloire non des hommes mais de Dieu. Rm 2, 29

Au cœur des villes, vis au cœur de toi-même, et tu seras vraiment moine, au cœur de Dieu.

7. *Chasteté*

Aime la chasteté car elle est le chemin qui conduit à la rencontre de Dieu. Dieu est Amour, parce qu'il est pur. Il est pur parce qu'il est Un, un dans le pur Amour, un dans la pureté qui rayonne en Amour parfait. **80** 1 Jn 4, 8 Ps 17, 27

La chasteté t'ouvre donc au véritable amour. Par elle Dieu veut te faire monter de la rencontre à l'unité, de la fécondité à la vie, du plaisir passager au bonheur infini. Lc 20, 35-36

C'est dans la contemplation de l'Amour trinitaire que tu trouveras la véritable lumière éclairant le mystère de ta propre chasteté. Par là seulement tu dépasseras le moralisme sec ou le stoïcisme froid. Si Dieu, l'Église et le monachisme te convient à la chasteté, c'est pour aimer.

Parce que ton Dieu est un feu consumant, tu ne peux l'approcher sans être consumé. Parce que la sagesse d'en haut est d'abord pureté, tu ne peux la goûter sans être purifié. Laisse-toi donc refaçonner par celui qui t'a déjà pétri. Seul **81** He 12, 29 1 Co 3, 13 Jc 3, 17 Gn 2, 7

l'Esprit Saint, qui veut devenir en toi feu
Mc 7, 14-23 et lumière, pourra t'éclairer et te laver du
dedans, où est le secret de toute pureté.
Rm 14, 14-20 Car, si rien n'est impur en soi, tout ne
redevient pur en toi que comme à travers
1 Co 3, 15 le feu. La chasteté est ce passage rude et
Lc 12, 49 ; Is 33, 14 joyeux au feu de Dieu.

Comme tout chrétien tu es appelé à un amour de chasteté.

Au sein d'un monde dont le péché a renversé l'harmonie, sali la beauté première,
jusque dans ton être profond où ton cœur
Mt 15, 18 est divisé, tu vis, comme tout homme,
Ga 5, 17 l'antagonisme entre la chair et l'Esprit, si
bien que tu ne fais pas ce que tu voudrais.
Accepte ce combat, même le jour où tu te
reprendrais à dire : « Malheureux homme
que je suis ! Qui me délivrera de ce corps
Rm 7, 24 qui me voue à la mort ? »

82 Au-delà de l'incompréhensible apparent
et de la douleur de ton combat, peut-être
jusque dans le gémissement, l'amour
2 Co 5, 2 chaste t'ouvrira à la lumière de la vraie
liberté.

Aie le courage de dire que ta chasteté, pour une part, est un renoncement. Mais garde la joie de voir que cette ascèse te conduit à la sainteté. À l'encontre de

l'érotisme qui individualise, relativise
dans l'instant, matérialise la personne en
la chosifiant, enténèbre et, finalement, 2 P 2, 13 s
attriste l'amour, la chasteté t'aidera à
renoncer au transitoire et à l'illusion. Elle
te révélera le vrai visage de la vie. Peut-
être penseras-tu certains jours :
« Comment, jeune, garder pur son che-
min ? » Crois alors que Dieu est là, à la Ps 118, 9
fois pensant et agissant en toi afin de te
rendre pur et irréprochable, au sein d'un
monde où tu dois briller avec tes frères
comme un foyer de lumière. Ph 2, 13-15

Au-delà de la lutte et du renoncement, la **83**
chasteté t'introduit à la paix et à l'épa-
nouissement. Par elle, tu sauras voir dans
la chair la trace de l'Esprit, dans l'autre Jn 1, 14
aimé la présence de l'universel, dans tout
visage le reflet de la Beauté sublime, et au Is 58, 11
tréfonds de ta vie la Source divine qui Jn 4, 14
jaillit. Ce qu'il y a de pur, voilà ce qui doit Ph 4, 8
te préoccuper, affirme-toi ministre de
Dieu par la pureté. Garde le courage de le 2 Co 6, 6
chanter.

La vie monastique t'invite au célibat **84**
consacré.

À la suite du Christ qui naquit d'une
vierge, bénie entre toutes les femmes, et Lc 1, 42

choisit librement de n'être pas marié, te
Lc 9, 23 voici appelé, pour marcher derrière lui, à
tout quitter y compris mari, femme et
Mt 19, 27 s. Lc 14, 26 enfants et jusqu'à ta propre vie.

Disciple, tu n'es pas différent de ton
Lc 6, 40 maître. Disciple accompli, tu seras
comme ton maître. Ta virginité vécue en
lui fait de toi un témoin silencieux et fort
de Jésus Christ. Par là, te voici conduit à
1 Co 9, 19 devenir de plus en plus seul en face du
Seul, mais au nom d'un Amour suprême,
celui-là même de ton Seigneur et ton
Jn 20, 28 Dieu, fasciné par la beauté du Ressuscité.
Véritablement, moine et moniale devant
les hommes et devant Dieu. Au risque de
paraître dire quelque chose d'un peu fou,
te voici fiancé à un Époux unique, comme
2 Co 11, 2 une vierge pure à présenter au Christ.
C'est pour cela que le Seigneur t'a séduit
Jr 20, 7 et que tu t'es laissé séduire, qu'il t'a
Os 2, 16 conduit au désert pour parler à ton cœur.

85 Hors de cette perspective essentielle, ton
célibat consacré perdrait sa valeur, son
sens et sa joie. Mais si tu le vis dans la cer-
titude de cette Présence, tu goûteras l'allé-
gresse profonde et paisible de te savoir
fiancé à Dieu pour toujours dans la justice
et dans le droit, dans la tendresse et dans
Os 2, 21 l'amour.

À ce don d'amour, tu pourras ajouter
alors la valeur du témoignage. Car c'est en
vue du royaume des cieux que le Christ Mt 19, 12
t'appelle à vivre ainsi. Ce don de toi crie-
ra ta foi. Il dira, n'étant pas de ce monde, Jn 15, 19
ton espérance des cieux nouveaux et de la
terre nouvelle attendus selon sa promesse,
où la justice habitera. De ce monde à venir 2 P 3, 13
où nous serons, ressuscités, non plus
femme ni mari, mais comme des anges Mc 12, 25
dans le ciel, comblés en tout notre être
d'un bonheur d'éternité. Is 54, 1-10

Que ta vie ainsi consacrée à cette atten-
te et à cet amour dise donc humblement, 1 Co 7, 60
joyeusement et fièrement quelle espérance
tu as mise ainsi dans le Dieu vivant. 1 Tm 4, 10

Par le choix de ta virginité ouvre-toi à **86**
l'amour de Dieu de tout ton cœur, de toute
ton âme, de tout ton corps, et de tout ton
esprit. Dieu vaut bien tout. Que tout donc, Lc 10, 27
en toi, pensées, paroles et actions, soit Col 3, 17
rempli de l'amour de Dieu en qui tout est
rassemblé, et ton époux, ce sera ton créa-
teur. Is 54, 5

Peut-être, un jour, par ta vie de plus en
plus pure et abandonnée, provoqueras-tu
le Seigneur, qui nous aime tous infini-
ment, à devenir tout spécialement dési-
reux de ta beauté. Tu sauras alors ce Ps 44, 12; Ct 4, 7

Dt 4, 24 qu'est l'amour jaloux de Dieu pour toi, la
Ep 5, 27 joie d'un divin époux promis à ton âme et
l'allégresse inextinguible d'entrevoir à
quelles noces de bonheur Dieu lui-même
Ap 21, 2 te convie. Cela, ne cherche pas à l'expli-
Mt 19, 12 quer : comprenne qui pourra ! Si Dieu te
donne de le goûter, savoure-le dans le
Mt 6, 6 secret, ta joie paisible parlera.

87 Par ton célibat consacré ouvre-toi au
monde en te faisant disponible et tout à
1 Co 9, 22 tous, libre de les préférer tous sans en pri-
vilégier aucun. Ainsi, garde-toi de trop
Jn 15, 15 particulariser tes amitiés afin de n'être
jamais prisonnier d'aucune exclusive,
Col 3, 11 mais toujours libre à l'exemple du Christ
qui s'est fait tout à tous et ami des
Is 41, 8 hommes.

La virginité t'enseignera le secret de la tendresse et la valeur du respect ; la possibilité d'un amour à la fois universel et éternel.

Toi qui l'as librement choisi, offre-le
pour ceux qui doivent le subir, achevant
ainsi dans ta chair ce qui manque aux
épreuves du Christ pour son Corps qui est
l'Église. Sois humble en ta chasteté. C'est
par la grâce de Dieu que tu es ce que tu es,
Col 1, 24 et par elle seule que tu deviendras son
1 Co 15, 10 consacré.

Ton célibat consacré ne nie pas le corps mais il l'épanouit en lui donnant son sens le plus profond et le plus ultime à la suite du Verbe fait chair, nous appelant tous à devenir un seul Corps. Puisque ton corps est un temple du Saint Esprit qui est en toi et que tu ne t'appartiens pas, glorifie donc Dieu dans ton propre corps. Non seulement ton corps est pour le Seigneur, ce qui doit t'émerveiller ; mais également le Seigneur est pour ton corps, ce qui ne peut que t'enthousiasmer. Dieu demeure en toi et tu demeures en lui, sachant ce don de Dieu vis pleinement ton don à Dieu. **88**

Jn 1, 14
1 Co 12,1 2
1 Co 6, 19-20
1 Co 6, 13
Jn 6, 56
Jn 4, 10

Par l'amour de chasteté, ouvre-toi à la lumière et à la joie, selon la promesse que Jésus adresse aux cœurs purs qui verront Dieu. Par lui ta vie rayonnera d'une Présence, révélera le secret d'une intimité, puisera en elle-même le secret d'un dynamisme, la paix d'un épanouissement vrai.

Mt 5, 8

À l'image de Marie, vierge, épouse et mère, ta virginité t'introduira au mystère d'une véritable nuptialité, d'une réelle paternité, d'une tendre maternité. Comme le mari tire sa joie de son épouse, en toi, ton Dieu prendra sa joie. **89**

Mt 1, 18
Lc 1, 34
Is 62, 5

Pauvre, la virginité te libérera. Humble, elle te grandira. Stérile, elle te comblera.

Is 54, 1 Crie de joie, stérile qui n'enfantais pas ! La mère aux nombreux fils se flétrit quand
1 S 2, 5 la stérile enfante sept fois.

90 Aussi grand et épanouissant que soit cet idéal, tu ne peux le vivre qu'avec la grâce de Dieu et en réponse à son appel.

Le mariage également est une voie de
He 13, 4 sainteté que tu ne dois en rien mépriser car
Ep 5, 32 son mystère aussi est grand.

Ne t'engage donc dans le célibat consa-
1 Co 7, 9 cré que si tu t'y sens intimement appelé par Dieu. Tu n'as pas à le choisir comme un idéal mais à y répondre si tu y es
Jn 15, 16 convié. Que la crainte de sa difficulté ne t'effraie pas pour autant.

S'il t'y appelle, Dieu fera qu'il te devienne facile et puisse te rendre heureux. Mais alors, vis-le sans partage. Rien ne serait plus difficile ici que les demi-
Lc 9, 62 mesures. Pour être léger, ton célibat doit te consacrer tout entier.

91 Vis-le sans tension, mais vis-le sans mollesse. Vis-le sans nostalgie. Vis-le sans compromis. Comme voyageur et étranger, abstiens-toi des plaisirs charnels
1 P 2, 11 qui font la guerre à l'âme. Dans la lutte ou

les chutes, ne te décourage pas pour autant. Au soir les larmes, au matin les cris de joie. Ce n'est pas rien ce que tu as Ps 29, 6
ainsi donné ; mais Dieu le sait. Avec la tentation il te donnera la grâce de la supporter. Nul n'est tenté au-dessus de ses 1 Co 10, 13
forces. Jc 1, 13-14

La double grâce de la pénitence et de l'Eucharistie sera ta force quotidienne. C'est Marie, la mère de tendresse, qui t'enseignera le secret du bel Amour.

Dans tes amitiés, ne sois ni imprudent ni Rm 12, 9-13
pudibond, ni naïf ni effarouché.

Avec tes frères et tes sœurs consacrés, **92**
sois plein de respect, de délicatesse dans la prière mutuelle et l'affection fraternel- Jn 13, 34
le. C'est une telle grâce de marcher, frères et sœurs, dans le partage du même idéal et de la même amitié, que pour rien au monde tu ne dois risquer de la galvauder. La transparence absolue ici te préservera Jn 3, 21
de tout faux pas.

Purifie ta mémoire ; garde tes pensées ; Ep 5, 4
surveille tes propos ; porte un habit qui te dise consacré. Ne cherche pas plus à paraître qu'à disparaître.

Tu n'as pas à fuir mais à monter. Ne t'attriste pas de ce que tu quittes, réjouis-toi de ce qui t'est donné. Évite le mal
1 Th 5, 22 en faisant le bien. Aime mieux en aimant davantage.

Ta cité se trouve dans les cieux d'où tu attends ardemment le Seigneur Jésus Christ. Il transfigurera ton corps de misère pour le conformer à son Corps de gloire avec cette puissance qu'il a de pouvoir
Ph 3,21 se soumettre tout l'univers.

Crois joyeusement à la résurrection de la chair que professe le Credo.

Sois chaste et tu seras heureux.

Mt 5,8 Sois pur, tu verras Dieu.

8. *Pauvreté*

Pour obtenir la vraie richesse, **93**
pour fuir l'illusion des faux trésors,
et pour marcher libre et joyeux
à la suite du Christ,
tu as choisi d'épouser la pauvreté.

Par suite du péché dont tu es à la fois victime et coupable, tu ne peux aller vers Dieu sans te détourner d'abord de toi-même et du monde. Ni le vieil homme avec ses agissements, ni la figure factice de ce monde qui passe ne peuvent t'enrichir. L'homme dans son luxe ne comprend pas, il ressemble au bétail qu'on abat. Que ta pauvreté, te détournant ainsi des illusions et des pesanteurs qui pèsent et miroitent alentour, t'ouvre à la vraie liberté du dépouillement et à la joie du centuple reçu dès maintenant.

Rm 5, 12
Col 3, 9
1 Co 7, 31
Ps 48, 13
Ga 5, 1
Mc 10, 30

Te voici appelé à passer par la porte étroite qu'aucun riche ne saurait franchir, en vue de la possession totale et sans fin d'un vrai trésor et d'un héritage éternel. Dieu a en effet choisi les pauvres selon le monde comme riches dans la foi et héritiers du Royaume promis à ceux qui l'ai-

Mt 7, 13
Mt 19, 24
Mt 13, 44 ; 19, 21
Ps 36, 18
Jc 2, 5

ment. Que ce regard d'espérance éclaire et réjouisse ta route afin que tu saches tou-
Pr 28, 11; 1 Co 1, 26-27 jours quelle sagesse te conduit. Puisse Dieu illuminer les yeux de ton cœur pour te faire voir quelle espérance t'ouvre son appel, quels trésors de grâce renferme son
Ep 1, 18 héritage parmi les saints.

94 La route qui te ramène à la richesse véritable passe désormais par la pâque de pauvreté. Marche ainsi à la suite du Christ qui, de riche qu'il était, s'est fait pauvre
2 Co 8, 9 pour t'enrichir de sa pauvreté. Dieu dirige les pauvres dans la justice et leur enseigne
Ps 24, 9 la route. Sachant cela, tu pourras accepter
Ph 3, 8 de tout perdre afin de gagner le Christ. Ta pauvreté n'est plus une théorie, ni une pratique ni même un idéal, mais un visage : Dieu, pour toi, s'est fait pauvre en Jésus Christ. Dans la contemplation de ce visage tu comprendras le vrai sens du mystère de pauvreté.

Appuie-toi sur cette sagesse.
Affermis-toi en cette espérance.
Contemple ce visage pour parvenir à t'y conformer.

Et tu pourras commencer à devenir
Lc 9, 23-25 pauvre à sa suite, en acceptant, comme lui, de tout recevoir et de tout donner. De

tout donner par amour et de tout recevoir dans l'humilité.

La première étape de ta pâque de pauvreté passe par l'humble acceptation de tes richesses. **95**

Quoi que tu fasses, quoi que tu dises, te voilà riche de ta foi, de ton espérance, de Mt 25, 15 l'amour de ta Fraternité, de ta culture, de ta santé, de ta liberté, et jusqu'à savoir le pourquoi de ta soif de pauvreté. De cela ne tire ni honte ni vanité : Dieu n'a de préférence pour personne. Ne t'en culpabilise Ac 10, 34; Rm 2, 11; Ga 2, 6 pas, mais ne l'oublie jamais. Pr 13, 7

En retour, vis dans une continuelle action de grâce, puisque tu n'as rien que Ep 5, 4 tu n'aies reçu, que ta pauvreté t'invite à 1 Co 4, 7 être un perpétuel offrant en sacrifice de louange. Vis dans l'humilité car tu ne saurais He 13, 15 tirer nulle gloire de ce qui vient de Dieu seul et non de toi, ni présager à quel Jn 5, 44 degré d'enfoncement et de dépouillement Dieu veut te conduire demain sur les pas de celui qui, pour nous, alla jusqu'à l'anéantissement. Ainsi, sois disponible et Ph 2, 7 remerciant et tu feras le premier pas dans le mystère de pauvreté.

96 La deuxième étape de ton avancée sur
cette route consiste dans l'abandon de tes
Mc 10, 21 richesses matérielles.

Qo 5, 14 Tu es né tout nu, tu t'en retourneras
comme tu es venu. Accepte donc de te
détacher de ce qui n'est que transitoire et
factice. Libère-toi personnellement de
tous tes biens. La racine de tous les maux,
1 Tm 6, 10 c'est l'amour de l'argent. Déracine-toi. Si
tu veux être parfait, va, vends ce que tu
possèdes, donne-le aux pauvres et tu auras
Mt 19, 21 un trésor dans les cieux. Comment pour-
rais-tu t'enrichir en vue de Dieu en conti-
Lc 12, 33 nuant à thésauriser pour toi-même ? La
pauvreté matérielle commence par un
courageux et radical détachement qui
relève de toi seul. Vis-le et sans partage.

En Fraternité tu ne dois rien posséder en
propre. Ne te procure ni or, ni argent, ni
Mt 10, 9 menue monnaie en dehors de ce que la
règle te permet. Chaque salaire est inté-
Ac 4, 34 gralement versé à la communauté et la
moindre dépense vécue en transparence et
en dépendance. Ainsi apprendras-tu la
liberté et le regard primordial vers les
choses invisibles qui seules sont éter-
2 Co 4, 18 nelles. Car là où est ton trésor, là aussi
Mt 6, 21 sera ton cœur.

Collectivement, notre règle est de n'être jamais propriétaire de rien. Nous n'avons pas à avoir d'héritage dans le pays, c'est Dieu qui sera notre part d'héritage. Nous devons nous contenter de la location, comme la plupart des hommes d'aujourd'hui, ou de l'hospitalité, comme promis aux disciples de l'Évangile. *Dieu seul suffit*[1] et cet héritage est pour nous magnifique. Face au matérialisme envahissant, seule la radicalité évangélique parlera. C'est par la folie du message qu'il a plu à Dieu de sauver les croyants. **97** Lc 9, 58 Nb 18, 20 Mc 6, 10-11 Ps 15, 5-6 1 Co 1, 21

Vis ce détachement matériel communautaire et personnel dans une joie sans regret et, ainsi libéré, usant des biens comme n'en usant pas, rends grâce à Dieu comme Job en redisant : nu je suis sorti du sein maternel, nu j'y retournerai. Dieu a donné, Dieu a repris ; béni soit le Nom du Seigneur ! Et tu goûteras le repos pour ton âme. 1 Co 7, 31 Jb 1, 21 Mt 11, 29

98 En communauté, avec tes frères ou tes sœurs, se vit le partage intégral de l'argent, des biens, des vêtements qui sont donnés dès ton entrée et reçus ensuite, tout au long, de la part du responsable de l'habillement, des livres qui sont aussitôt Ac 2, 44

---

1. S. Thérèse d'Avila, *Poésies* IX ; OC, p. 1089.

portés à la bibliothèque commune et de
tout ce qui peut être jugé de quelque utili-
He 13, 16 té pour la Fraternité. N'aie rien par-devers
toi sans l'accord des prieurs. Tue en toi-
même tout instinct de propriété car *il suf-*
fit d'un fil à la patte pour empêcher l'oi-
seau de voler[1] , et redis incessamment en
ton cœur : « Tout ce qui est à moi est à
Lc 15, 31 toi ». À l'image des premières commu-
nautés chrétiennes de Jérusalem qui met-
taient tout en commun et partageaient
Ac 2, 45-47 selon les besoins de chacun, construis
avec tes frères le Temple saint.

99 La pauvreté matérielle en communauté
se traduit aussi par la simplicité du loge-
ment, de la table, de l'habillement, des
moyens de transports, du mobilier.
Lc 3, 14 Contente-toi de ton salaire. Mange ce
Lc 10, 8 qu'on te présente, et apprends aussi à te
suffire en toute occasion, sachant te priver
Ph 4, 11-12 comme sachant être à l'aise. Ainsi, en ne
prenant rien pour la route, à la suite du
Lc 9, 3 ; 10,4; 9, 58; Fils de l'Homme qui n'a pas, lui, où repo-
9, 57-62; 9, 62; ser sa tête, laissant les morts enterrer les
morts et sans regarder en arrière, sinon tu
serais impropre au Royaume, deviens
moine en avançant dans l'état de voyage
car tu n'es qu'un pèlerin et un étranger ici-

---

1. S. Jean de la Croix, *Monte Carmelo* 1,11,4 ; OC, p. 618.

bas. Que ta stabilité soit dans le cœur de 1 P 2, 11
Dieu ton unique richesse, à la fois greffée
et émondée, et ton appartenance, fidèle et
sans partage, à ta nouvelle famille à qui te Jn 15, 2-4
voici tout donné.

Pour tout dire : Va. Vends. Donne.
Viens. Suis le Christ. Que ces cinq verbes Lc 18, 22
soient pour toi autant de jalons sur la route de ton détachement du monde et de ton attachement au Christ. Double exigence qui est tout l'essentiel de la vie monastique.

La troisième étape t'ouvre à la pauvreté 100
solidaire.

En te liant en quelque sorte à la dépendance et aux contraintes des grandes villes, tu devras sacrifier la joie du silence, la beauté de la nature, la paix de la campagne, l'équilibre du rythme solaire, la verdure, l'air pur... Vis cela sans nostalgie et en double solidarité : avec Jésus qui choisit le premier cette dépendance de la
ville de Nazareth, puis de Jérusalem, au Lc 2, 51
point parfois de ne plus s'appartenir ; et
avec tous les hommes qui sont de plus en Lc 13, 33; Mc 10, 32
plus aujourd'hui des citadins soumis aux Mc 3, 20 ; 2, 1-2; 6, 31
mille contraintes que tu sais.

À côté de la pauvreté qui renonce au monde en le quittant, vis celle qui reste
Jn 17, 15-18 solidaire de ce monde en t'en gardant. Deviens ainsi fils de l'Église en la rejoignant sur le lieu le plus habituel de son
Is 60, 14 combat et où Dieu demeure présent.

101 La quatrième étape de ta pâque te conduit à la pauvreté affective.

En te demandant de quitter, en plus de la maison ou des champs, tout à la fois : père, mère, femme, frères, sœurs, parents
Lc 14, 26; Mt 19, 29 et enfants, le Christ t'invite à lui sacrifier
Lc 12, 34 aussi ton cœur.

Lc 14, 26 C'est qu'aucun amour, aucun attachement, aucune relation ne peut passer avant celui que tu dois porter à Dieu, si tu veux être digne de lui qui est allé le premier jusqu'à haïr sa vie pour toi : le Père en te
Rm 5, 8 ; Mt 10, 37 Rm 8, 32 livrant son Fils, le Fils en se perdant pour
Jn 15, 13 nous tous.

Seule la grâce pourra te faire com-
Ex 34, 14 prendre le mystère de ce Dieu jaloux, qui veut tout parce qu'il vaut plus que tout, et
Lc 18, 30 peut te combler de tout, ici-bas déjà.

Abandonne-lui tes affections légitimes ou déréglées, purifie en toi jusqu'à la mémoire, au souvenir, au secret désir et tu

verras ton cœur de pierre devenir cœur de
chair, puis ton cœur de chair devenir cœur Ez 36, 26
nouveau, porteur d'un Esprit nouveau. Ez 11, 19
Partage avec tes frères un cœur unique,
agrandi dans un seul amour, une seule
âme, et un seul esprit. Ph 2, 2

Si donc ton bras te scandalise, coupe-le.
Si ton œil te scandalise, arrache-le. Mais Mc 9, 45-47
en te souvenant que c'est l'amour que
Dieu veut et non les sacrifices, reste Mt 9, 13
humble et discret en tes renoncements : le
Seigneur déteste le pauvre orgueilleux. Le Si 25, 2
prix de ce passage au creuset, c'est
l'amour enrichi de tout le poids d'un cœur
pauvre, joyeux et purifié ; d'un cœur fidèle :
va me chercher un pauvre au cœur
fidèle. Tb 2, 2

Tu peux alors aborder l'étape de la pau- **102**
vreté spirituelle.

C'est le degré suprême. Celle qui doit te
conduire, à la suite du Christ, tout nourri
de la volonté de son Père, à l'abandon de Jn 12, 49-50
ton vouloir propre, de ton penser propre,
de ton savoir propre, de ton amour propre.
Donne-toi jusque-là. Désarme-toi. Perds- Mt 10, 38 ;
toi jusqu'à l'immolation de toi. Telle est la
pauvreté dans l'Esprit que te propose le Mt 5, 3
Christ. Dès lors, si c'est l'Esprit qui te
conduit, que l'Esprit aussi te fasse agir. Ga 5, 16-25

La pauvreté matérielle est facile. La pauvreté solidaire reste laborieuse. La pauvreté affective est toujours douloureu-
Ga 6, 14 ; 1 Co 2, 2 se. La pauvreté spirituelle crucifie.

C'est le degré le plus haut de ta pâque
Ph 2, 8 de pauvreté parce qu'elle veut te conduire au plus bas. Après t'être dépouillé de tout, puis des autres, tu dois à présent te dépouiller de toi-même. Non seulement te
Lc 9, 23 renoncer, mais encore te renier. Mais le
Mt 16, 21-27 Christ marche avec toi sur cette route.

Le prix de ce don, c'est l'entrée dans la volonté du Père. Tu n'es plus esclave de
Ga 4, 7 personne mais fils. N'étant plus rien, tu reçois tout. Pauvre de tout, tu es enrichi du Royaume : héritier de Dieu et cohéritier du Christ. L'Esprit en personne se joint à
Rm 8, 16 ton esprit pour attester que tu es enfant de Dieu. Le Père et toi vous êtes un, car tu
Jn 10, 30 ; 8, 29 fais ce qui lui plaît.

103 Tu ne pourras pas suivre le Christ dans
Jn 16, 32 l'étape dernière de sa Pâque de pauvreté : il a tellement pris la dernière place que nul ne pourra jamais la lui ravir[1] . Mais tu dois inlassablement contempler cette *Kénose*, cet enfouissement, cet anéantissement de

---

1. CHARLES DE JÉSUS, *Œuvres spirituelles*, Éd. du Seuil, p. 26.

celui qui s'est fait esclave pour toi, péché Ph 2, 6-11
pour toi, Agneau immolé, objet de mépris 2 Co 5, 21 Ap 5, 6
et rebut de l'humanité, ver, non point Is 53, 3
homme, lui le vrai Dieu né du vrai Dieu. Ps 21, 7
Avance en fixant les yeux sur le chef de ta foi qui te mène à la perfection, Jésus, lui qui au lieu de la joie qui lui était proposée,
endura pour toi la croix et descendit jus- He 12, 2
qu'aux enfers. 1 P 3,19

Cette contemplation t'éclairera, te sti- 1 Co 2, 2
mulera, te soutiendra. Et par là même elle te préparera au don suprême par lequel, toi aussi, tu t'anéantiras, t'enfouiras, te dépouilleras de tout : la pâque de ta mort
dernière. Ce jour-là seulement tu pourras 1 Co 15, 37
tout donner. Mais seulement si tu sais t'y
préparer. Fasse Dieu que tu n'attendes pas Jn 12, 24
ta mort pour mourir !

Qu'ainsi la mort fasse son œuvre en toi
et sème la vie autour de toi. Tu portes en 2 Co 4, 12
toi-même ton arrêt de mort afin d'apprendre à ne pas mettre ta confiance en
toi-même mais en Dieu qui ressuscite les 2 Co 1, 9
morts. Le Seigneur se tient pour toujours à la droite du pauvre. Il donne aux pauvres
et sa justice demeure à jamais. Ps 108, 31 2 Co 9, 9

Telle soit ta route de pauvreté et elle sera véritable Pâque pour toi.

9. *Obéissance*

Le modèle parfait de l'obéissance est **104**
dans le mystère de la Trinité. Entre le Jn 5, 19
Père, le Fils et l'Esprit Saint, tout est 7, 16
écoute, accueil et don. De cette totale 8, 29
dépendance naît la suprême liberté ; du 12, 49
respect de leur diversité naît la parfaite communion. Si tu veux savoir le pourquoi fondamental de ton obéissance, contemple la Trinité.

L'obéissance n'est pas une invention des hommes, mais l'expression même de l'être de Dieu. Par elle, il veut t'introduire, non pas dans une relation de dépen-
dance, de soumission ni même de conci- Jn 14, 24
liation, mais dans une libre relation 17, 8
d'amour.

Voilà pourquoi le Christ qui nous a tant
aimés, Fils de Dieu et homme parfait, Jn 15, 9
s'est fait obéissant. Ce que l'ancien Adam Ph 2, 8
et toi-même avez refusé, le nouvel Adam, Rm 5, 19
pour toi, l'a assumé, lui qui, tout Fils qu'il était, appris, de ce qu'il souffrit, l'obéis-
sance. Si tu veux donc être parfait, sou- He 5, 8
viens-toi de Jésus Christ ; ton maître est le 2 Tm 2, 8
premier obéissant. Tu ne peux être diffé-

rent de lui. Il suffit que, disciple, tu deviennes comme ton maître et, serviteur,
Mt 10, 24 comme ton Seigneur.

105 Par l'obéissance, tu apprendras à aimer. À renoncer à toi-même pour faire ce qui plaît à tes frères et à Dieu. À aimer ton
Lc 10, 27 prochain comme toi-même et Dieu par-dessus tout. À coïncider avec d'autres pour agir ensemble dans une communion
1 P 1, 22 d'écoute selon le plan de Dieu. Le Père attend ainsi ta libre coopération à son des-
Rm 12, 10 sein d'amour. Tes frères attendent ta libre participation à la communion dans cet amour. Plus tu obéiras et plus tu aimeras.
Ph 2, 3-4 Plus tu aimeras, plus ta vie obéira. L'amour et l'obéissance, c'est tout un. Si tu veux donc aimer, sois obéissant.

Par l'obéissance, tu diras ta foi. Pécheur, tu obéis à des hommes pécheurs et tu choisis donc ainsi de regarder au-delà des apparences. À travers ce qui sera parfois incompréhensible ou difficile, l'épreuve dira ton amour quand tu devras avancer dans la pénombre de la foi. Ton amour ne
Jn 12, 35-36 se prouvera que dans l'épreuve de cette foi.

106 Par l'obéissance, tu vivras la pauvreté. La pauvreté la plus radicale : celle de

l'abandon de ton vouloir propre, de ton penser propre, de ton amour propre. Plus 1 Co 1, 10
que la non-possession, c'est la parfaite obéissance qui fera de toi un pauvre véritable, nourri, comme le Christ, de la seule volonté de Dieu. Jn 4, 34

L'obéissance t'enseignera la liberté et la vérité. Si, en effet, tu obéis aux commandements, tu connaîtras alors la vérité et cette vérité te rendra libre. Jn 8, 32
En acceptant que les pensées de Dieu ne soient pas tes pensées et que ses voies ne soient pas tes voies, Is 55, 8
tu auras des yeux pour voir même sans comprendre. Dt 29, 3; Mc 8, 18
L'Esprit, du dedans, te conduira à la vérité tout entière. Jn 16, 13

L'obéissance te révélera la miséricorde, car au-delà de tes révoltes, de tes lenteurs et de tes refus, elle te ramènera vers Dieu dont la tendresse et le pardon t'apaiseront, car même si ton cœur venait à te condamner, Dieu est plus grand que ton cœur. 1 Jn 3, 20
C'est par là que tu comprendras que tout est grâce et que rien n'est impossible à Dieu. Lc 1, 37; Mt 19, 26

107

Ainsi l'obéissance te donnera-t-elle la joie et la paix. Ph 2, 2
En obéissant, tu n'es pas rapetissé mais grandi, non pas restreint mais élargi. L'amour de Dieu habite en toi et sa volonté guidant ta vie l'apaise et la

réjouit. Tu sais en qui tu as cru. Te voici introduit à un détachement tel que ton cheminement n'a plus de fin. Vois, ta route n'est pas fatale, Dieu lui-même te
Ps 138, 24 conduit sur le chemin d'éternité. L'obéissance veut t'éclairer tout entier. Ouvre-lui jusqu'au fond de ton cœur et elle rayonnera jusque sur ton visage : les ordres du Seigneur sont limpides, lumière
Ps 18, 9 des yeux.

Enfin, l'obéissance fera de toi un véri-
Rm 8, 17 table fils. Dans ton cœur ouvert, disponible, libéré, le Père peut désormais parler comme à son propre fils. Et tu peux, à l'aide de cet Esprit nouveau que l'obéissance
Ez 36, 26 a laissé venir dans ton cœur de chair, oser l'appeler à ton tour du plus affectueux des noms que ta bouche puisse exprimer :
Rm 8, 15 ; Jn 14, 9, 14, 13-23 *Abba* ! Père ! Fils dans le Fils, tu vois le Père, tu es écouté de lui et aimé de lui.

108 La véritable obéissance est donc avant tout une conversion. Par elle, détourne-toi du vieil homme et du monde, et tourne-toi
Col 3, 1 vers les réalités d'en-haut et la quête de Dieu au plus profond. Ainsi purifié et dépouillé, tu te rendras transparent à sa
1 S 3, 10 volonté.

La véritable obéissance est tout à la fois
Is 53, 3 écoute et action. Elle suppose donc en toi

une docilité attentive – prête l'oreille, viens à Dieu, écoute et ton âme vivra – et une attitude véritablement agie, jusqu'à la mise en pratique. Lc 8, 21; 11, 28 ; Jc 1, 23

Elle est immédiate et sans partage. *Les vrais moines délaissent aussitôt ce qui les intéresse, renoncent à leur volonté propre et abandonnent immédiatement ce qu'ils étaient en train de faire... L'obéissance ne sera agréable à Dieu et aux hommes que si l'ordre est exécuté sans crainte, sans retard, sans tiédeur, sans murmure ni parole de résistance*[1] . Médite ces paroles du grand maître de l'obéissance. En les He 5, 8
vivant, tu te rendras parfait à l'image du Fils. Mt 5, 48

109

L'obéissance n'est ni discutailleuse ni périphérique, ni périodique ni velléitaire. Elle doit saisir et informer ton être tout entier. Livre-toi donc à elle de toute ta personne et pour toujours.

L'obéissance-information n'est pas l'obéissance vraie. Celle-ci est véritable dépendance et réel abandon à la décision attendue et reçue. Que signifierait-elle si tu ne la vivais que lorsqu'elle est conforme à tes souhaits et à ta volonté ! C'est He 12, 4

1. RB, 5 (I, 465-467).

quand elle commence à être difficile qu'elle devient le plus vraie.

L'obéissance vraie épanouit dans l'homme adulte un cœur d'enfant.

110 C'est à Dieu et à Dieu seul que tu dois obéir.

Mt 23, 8-10 ; Car il est ton seul maître, ton seul guide,
Jn 13, 13 ; ton seul Père et ton seul Seigneur. Sachant
qu'il t'aime infiniment et qu'il est le Dieu
Ex 34, 14 ; 1 Co 8, 6 ; tout-puissant, tu ne peux donc rien choisir
de plus beau que de suivre le plan
Ep 4, 6 d'amour qu'il a établi pour toi en faisant
Mt 6, 10 en tout sa volonté. Dis ainsi *Amen* à la
2 Co 1, 20 gloire de Dieu. Que cela te soit agréable
ou non, obéis à la voix du Seigneur ton
Dieu et, ainsi, tu seras heureux pour avoir
Jr 42, 6 obéi à sa Parole.

Jn 16, 27 Obéis au Père car le Père lui-même t'ai-
Si 46, 10 me. Il t'est bon d'obéir au Dieu Saint et de
passer le temps qu'il te reste à vivre au gré
1 P 4, 2 de la volonté divine.

Obéis au Fils car il est source de salut
He 5, 9 pour ceux qui lui obéissent, et tu as été
1 P 1, 2 sanctifié par l'Esprit pour obéir à
Jn 15, 10.14 ; 14, 15 Jésus Christ. Si tu aimes, tu observeras ses
commandements en faisant en toi toute

pensée captive pour l'amener à obéir au Christ. 2 Co 10, 5

Obéis à l'Esprit en te rendant docile à sa voix car Dieu donne l'Esprit Saint à ceux Ac 5, 32
qui lui obéissent, pour les conduire, docilement, par lui, à la pleine vérité et à la Jn 16, 13
vraie fécondité. Ga 5, 22

Par l'obéissance à Dieu, tu entreras dans le bonheur trinitaire et tu goûteras la paix.

C'est aux frères aussi que tu dois obéir, **111**
car avec eux tu formes le Corps du Christ 1 Co 10, 24
et le Temple de l'Esprit. En obéissant à la vérité, vous avez sanctifié vos âmes pour vous aimer sincèrement comme des
frères. La communion dans l'écoute 1 P 1, 22
mutuelle traduit la volonté de Dieu présent au milieu d'eux. Avec tes frères, vise Mt 18, 20
à avoir un même amour, une seule âme, un seul sentiment, et le temple ainsi construit Ph 2, 2
sera solide parce que bâti par l'Esprit Saint qui parle à travers la communauté qui le prie.

La Fraternité, c'est le Christ. Au chapitre, laisse Dieu parler à travers elle. Et soumets-toi en tout par l'obéissance vraie, autant aux points de détails qu'aux orientations d'ensemble, à ce qui devient ainsi la norme de la communauté.

112 Obéis tout particulièrement à celui, à celle en qui tous veulent librement désigner et reconnaître les serviteurs de l'autorité, car ils sont porteurs de la parole de tous et de la volonté même de Dieu. Fais-toi aimer de la communauté, et devant son
Si 4, 7 chef, efface-toi. Par la disponibilité de ton cœur, tu provoqueras en lui la grâce de Dieu. Avec ton prieur, ta prieure, en tout, sois vraiment obéissant et réellement transparent.

Il s'établira alors une réciprocité
2 Tm 1, 13 d'amour et de foi entre lui, qui sert en te
1 Th 5, 12-13 commandant, et toi, qui sers en lui obéissant. Jusque dans les moindres choses, fais donc tout à la lumière de cette obéissance. C'est dans cette exigence de sainteté que tu trouveras la liberté d'un cœur pacifié, la joie adulte d'un cœur abandonné.

Commandé par un pécheur et obéissant toi-même en restant imparfait, tu entreras cependant, par cette double voie de l'imperfection du maître et du disciple, sur le chemin de la perfection[1] où la grâce ne te manquera jamais si tu demeures confiant, ouvert et persévérant.

---

1. S. Jean de la Croix, *Les Précautions* ; OC, p. 303-304.

Reste fidèle jusqu'à la mort et le Christ te donnera la couronne de vie. Ap 2, 10

LE PRIEUR, LA PRIEURE. 113

L'autorité est un instrument de Dieu pour te conduire au bien. Rm 13, 4

1. Comme leur nom l'indique : *prior*, ils sont les « premiers ». Non dans l'ordre hiérarchique, de préséance ou même de sainteté. Ils sont « les premiers obéissants ». Les premiers à vouloir se soumettre à la Règle communément reconnue et à y entraîner, par là même, toute la communauté. Les premiers à vouloir faire la volonté du Père et à te la rappeler, à toi, Mt 20, 28
leur frère, leur sœur.

2. C'est pourquoi ils sont aussi des élus : ceux que leurs frères ou sœurs ont désignés pour assumer cette responsabilité et que l'Église, de son côté, a choisis ou reconnus. Par cette double médiation se reconnaît en eux le fait qu'ils sont aussi bénis de Dieu, les élus du Seigneur. La désignation par les frères et sœurs, dans l'Esprit, et la prière qui monte d'eux tous vers eux, font qu'ils portent dès lors, malgré leur faiblesse, leur péché, une toute particulière « grâce d'état », et qu'en les écoutant désormais, c'est plus qu'eux qui

sera perçu. Reconnais donc en eux ce qu'ils représentent, plus encore que ce
1 P 5, 5 qu'ils sont.

114 3. Ils doivent cependant être un modèle. Non pas *le* modèle (Jésus seul l'est),
Ph 3, 17 mais « un » modèle. Celui qui prêche par l'exemple de sa vie. Leur exigence à eux est d'être authentiques ; la tienne de les reconnaître pour ce qu'ils sont devenus. Rien ne stimulera mieux les frères et les
1 P 1,15 sœurs qu'une exigence réelle de sainteté. Rien ne convertira mieux la prieure ou le prieur qu'une véritable obéissance de disciple. Une sincère autorité façonnera en toi une juste obéissance ; une sincère obéissance de ta part construira une juste autorité. Un cœur de prieure ou de prieur est retourné quand ils voient dans quel esprit leurs frères et sœurs choisissent d'obéir.

4. Essentiellement, les prieurs sont serviteurs. L'autorité est un service et ils en exercent la charge, au nom et aux yeux de tous. « Serviteur des serviteurs de Dieu » à l'image même du Christ venu, lui aussi, le premier, non pour être servi mais pour
Mc 10, 45 ; Lc 22, 27 servir. Leur exigence fondamentale est donc d'être à leur tour « le premier servi-
Jn 13, 14 teur ».

5. Ils seront avant tout un « écoutant ». Écoutant Dieu, dans la verticalité de la prière, et ce même Dieu parlant dans l'horizontalité de la communauté tout entière et de chaque frère en particulier. Ils doivent écouter pour mieux savoir, pour mieux parler, pour mieux répondre, discerner, orienter, corriger. Il sont l'oreille attentive au point de convergence de la Parole venant de Dieu et des échos montant de leur conscience et de la Fraternité. Écoute-les donc et fais-toi écouter.

6. Ce frère, cette sœur, porte en lui, ou en elle, comme un charisme particulier de Fils de Dieu. Une qualité filiale originale est reconnue en eux, susceptible d'entraîner chacun à la même démarche filiale vis-à-vis de celui qui est le seul à porter le nom de Père. Leur charisme est de faire s'épanouir les divers charismes du corps tout entier, et de leur donner cohésion et harmonie dans « la grâce de l'Esprit Saint ». Par eux, mets ton charisme au service de la communauté. **115**

Mt 23, 9

1 Co 12, 1-11

7. Ils sont conciliateurs. Ceux en qui se concilient et se réconcilient les diverses personnes, les diverses tendances, les aspirations internes et les appels venant de l'extérieur, en vue d'un consensus d'unité qui a besoin de prendre corps en un seul

être pour mieux souder tous les frères en un seul corps. Ainsi n'étouffent-ils pas la personnalité de chacun, mais ils rassemblent toutes les personnes. Il sont « le lien d'unité entre les membres de la communauté », dussent-ils en être – et ils le seront – écartelés.

8. Les prieurs sont en outre les garants de la Règle choisie ensemble et des grandes orientations qui spécifient la vocation de la Fraternité. Ils tiennent la barre sur le cap établi en commun. Veillent à ce qu'on vive de ce qui est écrit ou dit. Au besoin donc ils rappellent,
2 Tm 4, 2 explicitent, redressent, raffermissent. Mais l'aventure spirituelle étant une avancée, ils se souviendront qu'ils conduisent une marche plutôt qu'ils ne défendent un bastion ou ne gèrent un acquis. Le moine est aussi bien un pèlerin qu'un veilleur.

9. Par leur être même ils exercent ainsi une fonction. Ils ont pour métier d'être prieurs et doivent effectivement pouvoir en assumer la charge. Leur rôle n'est pas uniquement mystique et spirituel. Ils doivent gérer un ensemble, répartir des res-
1 P 5, 1-4 ponsabilités, respecter les responsabilités désignées.

10. Ils assument tout spécialement une tâche de discernement. Aidés en cela des instances en place. Leur rôle sur ce plan est capital, car nombre de décisions ou d'orientations sont à prendre, qui, en partie, dépendent d'eux. Aussi sont-ils tout particulièrement aidés pour ce faire d'un conseil, d'un maître de novices et d'un « intendant » pour la répartition des rôles et des responsabilités.

11. Le propre des prieurs étant d'assu- **117**
mer une autorité, celle-ci doit être bel et
bien exercée. Ils ne peuvent le faire sans
en souffrir, peut-être même sans faire
souffrir. Mais le pire ennemi du bien com-
mun n'est-il pas l'abdication ou la déma-
gogie ? Ce serait la porte ouverte à la dis-
persion, aux individualismes, à la fantai-
sie. L'autorité qui assume son rôle avec
courage et fermeté, avec douceur et humi-
lité, avec force et tendresse, tout au
contraire libère, stimule, clarifie. Le
propre des prieurs est aussi de tenir leur
place, pas plus que leur place mais juste
leur place, et de commander. Rm 13, 1-4

12. Ils sont porteurs d'exigence, semeurs de joie et de paix. L'aventure ainsi conduite doit être une aventure de sainteté. Mais celle-ci ne s'épanouit que dans un climat de confiance, de joie, de

Rm 15, 13 sérénité. Homme et femme de paix, ils doivent la rayonner ; porteurs de joie, ils doivent la communiquer. Leur vocation à eux aussi, «les premiers», est bien celle de la sainteté. Par-dessus tout et pour tout dire, ils doivent aimer.

Qu'ils prient incessamment pour tous leurs frères et sœurs, et toi, chaque jour, demande pour eux le double charisme de l'écoute et du discernement, dans la quête
Mt 6, 10 commune de la volonté de Dieu.

10. Humilité

L'humilité est l'âme de la vie monastique. **118**

L'humilité n'est pas l'un des mets du festin mais le condiment qui assaisonne tous les mets[1] . Le silence, l'obéissance, les veilles, le jeûne, le travail et l'ascèse sont orientés vers elle pour que, par elle, s'enracine profondément en l'être le renoncement à toute suffisance et à toute soif de puissance et qu'ainsi renaisse en chacun le Christ qui n'est qu'Amour. Ph 2, 5

L'orgueil, en effet, conduit à la désobéissance, et ainsi le péché est-il entré dans le monde et, par le péché, la mort. Rm 5, 12; Gn 3, 5
L'humilité ramène à l'obéissance qui est son premier degré[2] et l'obéissance nous rend à la vie. He 5, 9

Comment acquérir l'humilité parfaite, le Seigneur te l'enseigne en disant : « Apprenez de moi que je suis doux et

1. M. 87, dans *Les Sentences des Pères du Désert*, Nouveau Recueil, Éd. de Solesmes, 1977, p. 215.
2. RB 5 (I, 465).

humble de cœur et vous trouverez le repos
Mt 11,29 pour vos âmes. » *Si donc tu veux acquérir l'humilité parfaite, apprends ce que Jésus a enduré et endure-le aussi*[3] . L'humilité, c'est Jésus Christ qui est descendu du ciel pour faire non pas sa volonté mais la
Jn 6, 38 volonté de celui qui l'a envoyé. Voilà ce que t'apprend ton Seigneur et ton maître
Jn 13, 14-15 pour que tu agisses comme il a agi ; lui qui n'est pas venu pour être servi mais pour
Mt 20, 28 servir. Marchant sur ses pas, tu entreras dans le grand mystère de l'humilité de
Rm 5, 19 Dieu qui s'est fait pour nous serviteur et rédempteur, tout pécheurs que nous
Is 53 Rm 5, 8 étions, témoin de l'Amour fou.

119 L'humilité doit tout d'abord te rappeler que tu n'es qu'une créature. Souviens-toi que c'est le Seigneur qui te donne sa
Dt 8, 17 force. Comme Pierre, reconnais que toi
Ac 10, 26 aussi, tu n'es qu'un homme. Qu'un
Sg 7, 1 homme mortel semblable à tous les autres. Et que, plus tu es grand, plus tu dois t'humilier pour trouver grâce devant le Seigneur car, si grande est sa puissance, il
Si 3, 18-20 est honoré par les humbles. Ainsi donc, accepte de te reconnaître humble créature devant Dieu et, par cette crainte, tu entre-
Ps 24, 14 ras dans ses secrets.

---

1. Barsanuphe et Jean de Gaza, Lettre 150, dans *Correspondance*, trad. L Régnault, Éd. de Solesmes, 1972, p. 132.

L'humilité doit te rappeler ensuite que
tu restes un pécheur. Lc 5, 8

Que c'est par grâce de Dieu que tu es ce
que tu es. Tu sais que nul bien n'habite en 1 Co 15, 10
toi, je veux dire dans ta chair ; en effet,
vouloir le bien est à ta portée mais non
l'accomplir. Par ce souvenir de ton inca- Rm 7, 18
pacité radicale qui t'amène à murmurer
sans cesse : « Seigneur Jésus, Fils du Dieu
vivant, prends pitié de moi, pécheur »,
bannis de ta vie toute espèce d'orgueil. Il
n'est pas venu appeler les justes mais les
pécheurs. Par un humble repentir, tu peux Mt 9, 13
seulement être justifié. Ton trésor, tu le 2 P 3, 9
portes en un vase d'argile pour que l'on
voie bien que cette extraordinaire puissan-
ce appartient à Dieu et ne vient pas de toi. 2 Co 4,7
Aussi, avec le publicain et le centurion
de l'Evangile, sans cesse redis-lui :
« Seigneur, je ne suis pas digne que tu
entres sous mon toit » ; « Jésus, aie pitié Lc 7,6
du pécheur que je suis. » *Mieux vaut celui* 18,13
*qui voit ses péchés que celui qui ressusci-
te les morts par sa prière ; celui qui
connaît sa propre faiblesse est plus grand
que celui qui voit les anges*[1] .

---

1. ISAAC LE SYRIEN, *Discours ascétiques*, 34; dans *Œuvres spirituelles*, Desclée de Brouwer, 1981, p. 216.

120 Alors, l'humilité deviendra pour toi
grâce de conversion.

Pour former son peuple et le sanctifier,
Dt 29, 4 le Seigneur l'a éprouvé par l'abaissement.
Souviens-toi du chemin que le Seigneur
ton Dieu t'a fait parcourir pendant quaran-
te ans, dans le désert, afin de t'humilier,
Dt 8, 2 de t'éprouver et de connaître ton cœur.
Toi-même, avant d'être humilié, tu t'éga-
Ps 118, 67 rais ; maintenant, observe sa promesse. Le
Père veut te conduire par la même route
pour te faire progresser car, celui qu'aime
le Seigneur, il le corrige et il châtie tout
He 12, 6 fils qu'il agrée. Car il est écrit : « Il n'est
pas d'homme assez juste sur la terre pour
Qo 7, 20 faire le bien sans jamais pécher. »

Si 23, 2 Ainsi, le chemin de l'humilité passe-t-il
par l'épreuve de l'humiliation, qui, cer-
1 P 4, 12 ; Sg 3, 6 tains jours, peut t'apparaître comme une
fournaise. *Crois que mépris et outrages*
Si 4, 17 *sont pour ton âme des remèdes à son*
orgueil, et prie pour ceux qui te malmè-
nent comme étant de vrais médecins. Sois
persuadé que quiconque hait l'humilia-
tion hait l'humilité[1] . Si tu es tenté, abais-
Jc 1, 13-14 se-toi encore davantage et Dieu accourra à

1. Dorothée de Gaza, Lettre 2, 187; dans *Œuvres spirituelles*, trad. L. Régnault, J. de Préville, SC 92, 1963, p. 505.

ton secours. Par là, tu avanceras sur le
chemin d'une vraie perfection et ta mon-
tée sera à la mesure même de ton abaisse-
ment, car tout homme qui s'abaisse sera
élevé. Le signe de la parfaite humilité Lc 18, 14
n'est-il pas de se réjouir des injures ? Il Mt 5, 11; Ac 5, 41
t'est bon de pouvoir redire, au terme, avec
tous les disciples de Jésus, invités à se
perdre pour lui : « Nous ne sommes, nous,
que de pauvres serviteurs, nous n'avons
fait que notre devoir. » Ainsi avanceras-tu Lc 17, 10
activement vers cette bonne passivité qui
rendra ton âme disponible et malléable à Si 1, 27-28
la grâce, pour que, humilié sous la main
puissante de Dieu, il t'élève au bon
moment. 1 P 5, 6

Par là même, l'humilité t'enseignera la **121**
sainteté.

Les démons savent si bien qu'elle est la porte ouvrant sur la perfection que, selon les Pères du désert, ils la redoutent entre toutes les vertus. *Le démon dit un jour à Macaire : « Je ne puis me battre contre toi. Pourtant, tout ce que tu fais, je le fais pareillement : tu jeûnes et je ne mange pas du tout ; tu veilles et je ne dors jamais. Par une seule chose, tu me vaincs. » Le Père Macaire dit : « Quelle est cette chose ? » Le démon répondit : «C'est ton humilité.»* N'est-ce pas ainsi que Jésus a

Mt 11, 29 vaincu l'Adversaire ? Rien ne chasse ni ne vainc les démons aussi efficacement que l'humilité. *L'humilité les perd* [1].

122 C'est pourquoi l'humilité exige une constante vigilance.

1 P 5, 8 Vigilance sur les pensées, les volontés, les désirs. Sens-toi à toute heure regardé
Ps 44, 22 par Dieu du haut du ciel sachant que tes
He 4, 13 actions sont toujours à découvert sous son regard[2] et, par cette crainte, tu apprendras humblement à recevoir de Dieu le partage de sa vigilante Sainteté. C'est une si grande grâce de vivre constamment dans la
Jr 12, 3 pensée de ce regard de Dieu sur toi.
Jb 31, 4 Accepte humblement d'être ainsi sondé jusqu'au cœur et percé jusqu'en tes
Ps 138, 2.16 moindres pensées, et tu seras conduit et protégé. Cherchez le Seigneur, vous, les humbles de la terre, cherchez l'humilité et vous serez peut-être à l'abri le jour de sa
So 2, 3 1 Jn 4 colère. Au-delà de toute crainte.

Ainsi l'humilité conduit-elle à l'amour parfait.

---

1. MACAIRE 11, dans *Les Sentences des Pères du désert*,1981, p.178.

2. RB 7 (I, 477)

À cette charité de Dieu tout d'abord,
qui, parfaite, pousse dehors la peur et la
crainte, tant est grande la joie de se savoir, 1 Jn 4, 18
une fois humilié et contrit, plus encore
que pécheur, lavé, pardonné et redevenu,
non plus serviteur mais ami d'un Dieu qui Jn 15, 15
relève les humbles. *Souviens-toi que tout* Lc 1, 52
labeur est vain sans l'humilité, car l'hu-
milité est le précurseur de la charité. Jean Ga 5, 15
était le précurseur de Jésus et attirait tout
le monde à Lui ; de même, l'humilité atti-
re à l'amour, c'est-à-dire à Dieu lui-
même, car Dieu est Amour[1] .

À l'amour des autres ensuite. Si chacun,
par l'humilité, estime les autres supérieurs
à soi, il n'y a plus de place entre frères
pour l'esprit de parti ni pour la vaine gloi- Ph 2, 3
re, et jalousies, discordes, rivalités sont
repoussées. 1 P 3, 8-9

En toute humilité, douceur et patience, **123**
on est alors heureux de se supporter les
uns les autres, parce que revêtus d'humili- Ep 4 ,2
té dans les rapports mutuels. Le bonheur 1 P 5, 5
de la communion naît de cette soumission Ps 133,1
réciproque à laquelle entraîne tout parti-
culièrement l'obéissance qui devient,
ainsi comprise, l'ouverture à l'amour à

---

1. R. 126, dans *Les Sentences des Pères du désert,* nouveau recueil, p. 206.

Lc 22, 27 l'exemple du Christ. Qui veut être le pre-
mier parmi vous se fera l'esclave de tous,
celui qui veut être grand parmi vous se
Mc 10, 43-44 fera votre serviteur. Il entre ainsi dans
l'humble amour fait de tendresse et de res-
Rm 12, 9-10 pect, d'affabilité et de douceur, empreint
d'une joyeuse et sereine gravité.

Au juste amour de soi-même enfin.
L'humilité nous réconcilie avec nous-
mêmes. Ne vous surestimez pas plus qu'il
ne faut vous estimer, mais gardez de vous
Rm 12, 3 une sage estime. Si Dieu nous humilie, il
ne nous méprise pas, en effet, et s'il nous
Lc 18, 9-14 abaisse, c'est pour nous relever. La véri-
table humilité doit te conduire à recon-
naître que si, par toi-même, tu n'es rien,
par Dieu, tu deviens tout : héritier du
Rm 8, 17 Christ et cohéritier de la gloire divine, par-
2 P 1, 4 ticipant de la nature divine !

124 La véritable humilité ne désespère
jamais de l'amour de Dieu. Ainsi,
l'humble, s'il est sage, peut marcher la
Si 1, 11 tête haute à l'exemple du Christ doux et
Mt 11, 29 humble de cœur, car Dieu l'a exalté. Il se
sait profondément rien, mais du fond de
Ph 2, 8-9 son abaissement et de son abattement, au-
delà du découragement, du démantèle-
ment de soi, des épreuves par lesquelles
Dieu l'a brisé *(contritio cordis)*, il se sou-
vient que lorsqu'il a cédé devant la misé-

ricorde, l'amour du Père l'a relevé. Sa propre perfection même ne le préoccupe plus. Mis à mort par Dieu, il vit en lui. Jc 4, 10

Laisse-toi anéantir jusqu'à cette exaltation. Descends jusqu'au bout de cette montée. Tu ne peux voir Dieu sans mourir. Et Dieu s'est fait, pour toi, plus bas que toi. Si tu meurs à toi-même, par l'humilité, au tréfonds de toi, tu le trouveras et tu vivras éternellement. Le Seigneur exalte les humbles en tête desquels est Marie. Il les dirige dans la justice. Sois humble et, toi aussi, tu posséderas la terre, réjoui d'une grande paix.

Sur cette route de l'humilité, deux anciens t'accompagnent tout particulièrement de leur sagesse et de leur enseignement : saint Jean Cassien et saint Benoît. **125**

SELON BENOÎT
s'inspirant étroitement de saint Jean Cassien

L'échelle de l'humilité, c'est notre vie en ce monde que le Seigneur fait monter jusqu'au ciel si notre cœur est humble .

Douze degrés jalonnent cette ascension qui est abaissement de plus en plus profond :

1. Vivre sous la crainte et le regard de Dieu, tout entier et toujours à découvert, dans une humble soumission et une constante vigilance.

2. Ne rechercher ni sa volonté propre ni la réalisation de ses désirs.

3. Choisir librement de se soumettre à un supérieur en toute obéissance.

4. Dans l'adversité, les difficultés, les épreuves, les injustices, les tribulations, embrasser la patience et persévérer sans se lasser ni reculer.

5. S'ouvrir à son supérieur de ses pensées mauvaises et de ses fautes les plus secrètes.

6. Rester serein dans n'importe quel abaissement ou mépris.

126 *7. Se dire le dernier, le plus vil, jusqu'à en être intimement convaincu.*

8. Observer strictement la règle monastique.

9. Rester sobre en parole et fidèle à l'esprit de silence pour se garder de tout mal.

10. Éviter le rire superficiel qui distrait, trouble et alourdit.

11. Savoir parler doucement, gravement, brièvement, sagement et sans éclat.

12. Alors, l'humilité envahira l'être tout entier qui en sera comme imprégné.

Une fois gravis tous ces degrés d'humilité, le moine parviendra bientôt à cet amour de Dieu qui, parfait, pousse dehors la crainte... Voilà ce que le Seigneur daignera manifester par l'Esprit Saint à son ouvrier purifié désormais de ses vices et de ses péchés (RB 7 ; I, 475-491).

Au terme de notre pâque, nous est pro- **127**
mis le partage de la gloire divine. Mais le Jn 17, 24
dernier pas de cette route nous conduira
tous au dernier degré de l'abaissement. Ce 12, 24
jour-là, pour monter au ciel, nous devrons
descendre en terre. Pour être attiré vers le 1 Co 15, 36
ciel par le Père, tu seras descendu par tes Jn 6, 44
frères, dans la terre. C'est la vision de ton Qo 12, 7
âme alors réduite à ce double abandon,
qui doit éclairer le regard avec lequel tu as
à voir le sens de toute la route. Moine, Mt 24, 44
moniale, tu as à te situer d'emblée au
niveau de ce pas ultime et, à la lumière de Mt 25, 6
ce regard, éclairer ce qui doit guider ta vie
entière. Car alors vraiment, tu seras seul
en face du Seul. Lc 12, 35-36

L'humus de la terre dont tu es pétri te Gn 3, 19
prendra. Dieu seul pourra te relever et te Qo 3, 20
donner de vivre en sa Présence. Tout Os 6, 1
orgueil est donc vain. Regarde ton exis-
tence à partir du seuil de ton dernier jour. Ps 139, 24
L'humilité est la porte qui ouvre à la gloi- Mt 7, 14
re. Voilà ce que sait et vit le moine.

Si tu meurs avec le Christ, avec lui tu vivras.

Si tu tiens ferme dans l'humilité, avec
2 Tm 11, 12 lui tu régneras.

de Jérusalem

11. Au cœur des villes

« Lève-toi, entre dans la ville et l'on te **128**
dira ce que tu dois faire. » Ac 9, 6

Parce que l'un des faits majeurs de notre temps est le phénomène urbain des mégapoles, une des caractéristiques essentielles de ta vocation monastique, aujourd'hui, est d'être citadine.

Depuis toujours, la ville présente un double mystère de bien et de mal, de sain-
teté et de péché. Lc 24, 45-49

Positivement, elle représente un des lieux privilégiés de la rencontre de l'homme et de Dieu : elle est habitée par lui, sanctifiée par lui, consolée, réjouie par le Seigneur, fidèle, radieuse, sainte, rebâtie, restaurée et repeuplée par grâce du Très-Haut ; accueillant son propre Fils, où il enseignera, instituera l'Eucharistie, ressuscitera, enverra son Esprit, pour y fonder l'Église, en attendant d'y revenir un jour, nouvel Emmanuel, dans la gloire pour y résider à jamais parmi les hommes et y partager avec eux le bonheur de l'éternel Amour[1] .

La ville est le lieu du partage de la prière, de l'amour, et la Terre ultime qui accueillera en son sein à tout jamais le
Ap 22, 2 nouveau Jardin. Il te faut aimer et méditer le mystère de la ville. Car Dieu lui-même l'a élue, bâtie, sauvée, sanctifiée. C'est en elle que l'homme a mis le meilleur de son intelligence, de son travail, de sa foi. Au cœur des villes, tu peux donc vivre au cœur de Dieu, car au cœur de Dieu demeure la ville. Sois moniale et moine au
Is 60, 14 cœur de la Ville-Dieu.

129 Inversement, la ville reste le lieu de l'orgueil humain, du tapage, de l'idolâtrie, du péché, des massacres et de la détresse. Elle provoque la mort des prophètes, la condamnation du Fils de Dieu, le scandale de la croix plantée près de ses remparts, sous les yeux du peuple et, finalement, la ruine et la honte[2] .

---

1. Références bibliques de ce paragraphe, successivement : Sg 9, 8 ; Ne 11, 1 ; Ba 4, 30.36 ; Za 8, 3 ; Lm 2, 15 ; Is 52, 1 ; Jr 30, 18 ; Ez 36, 35 ; Ez 36, 10 ; Lc 13, 33 ; Jn 7, 15 ; Mc 14, 13 ; Ac 1, 3 ; Ac 2, 3-4 ; Ac 2; Ap 21, 23 ; Is 35, 10 ; Ap 21 ,2-3.

2. Successivement : Gn 11, 4 ; Jr 13, 9 ; Is 22, 13-14 ; Ez 8 ; Ba 4 ,8 ; 2 R 14, 13 ; Jr 14 ; Lc 13, 34 ; Mc 10, 33 ; Mt 27, 33 ; Lc 23, 27-35 ; Lc 21, 24.

Au cœur de la ville, tu mèneras donc un double combat : pour Dieu et contre le mal. Tu y recevras une double grâce : la rencontre de Dieu et la purification de ton péché. En elle tu auras à lutter et à contempler. Ce que les premiers moines allaient chercher hier dans le désert, tu le trouveras aujourd'hui dans la ville.

Toute vie monastique est un combat. Le monachisme urbain appelle des lutteurs. Jésus n'est pas venu apporter la paix mais le glaive. Mt 10, 34

Face à l'érotisme, au prestige de l'argent, oppose la contradiction ferme d'une vie de pauvreté, d'humilité, de pureté. Dans le bruit, conquiers ton silence ; dans la fatigue, ta paix ; dans les allées et venues multiples, ton repos en Dieu. Aucun cloître ne protégera ta prière ; la campagne ne portera pas ta sérénité ; les murs de clôture ne garderont pas ta vertu. À la suite du Christ, les Béatitudes t'appellent à vivre au cœur de la ville un vrai combat. 1 Tm 6, 11-15

Sache aussi contempler les beautés et la sainteté de la cité où Dieu réside et t'a placé. Lève, au cœur de la ville, les deux bras de la louange et de l'intercession. Chaque jour, appelle sur elle sa **130**

Bénédiction. Loue le Très-Haut pour toutes les saintes et tous les saints qui l'habitent et la sanctifient.

Face à tant de solitudes, de dramatiques isolements, vis parmi tes frères et sœurs la vraie solitude que la grâce de Dieu remplit de joie ; la vraie communion que la prière étend au-delà des séparations et des absences. Au fil des jours, la ville t'éprouvera, te purifiera, te sanctifiera. Et toi,
Ap 21, 3 comme Dieu, tu l'épouseras. Elle a autant besoin de toi que tu as besoin d'elle. Le Seigneur lui-même revient dans la ville et
Za 8, 3 veut habiter au milieu de Jérusalem !

Il y a toujours eu, et parfois y demeurent encore, des moines et des moniales, et même des chartreux, au cœur des villes. Ils y prient avec toi. Ils y prient pour toi. Comme eux, prie dans, avec et pour ta
Ac 1, 4.12 ville.

« Vous donc, demeurez dans la ville, jusqu'à ce que vous soyez revêtus de la
Lc 24, 49 force d'en haut. »

131 Aujourd'hui, plus encore, un monde nouveau a surgi : hier essentiellement rural, aujourd'hui majoritairement urbain. Ta vie répond donc à un appel particu-

lièrement actuel et urgent du monde, de
l'Église et de Dieu. Ac 2, 46

Crois que la vie monastique n'est pas incompatible avec le phénomène urbain des temps actuels. Le désert, à présent, est aussi dans la ville. À la suite de tous les témoins qui se sont faits, tour à tour, juifs avec les Juifs, grecs avec les Grecs et
sans-loi avec les sans-loi, sois aujourd'hui 1 Co 9, 20-21
citadin avec les citadins.

Cette adaptabilité des formes dans la fermeté des moyens et l'invariabilité du but a toujours été le propre des moines. Ils n'ont jamais eu peur de faire du nouveau avec les valeurs anciennes. Garde, dans l'exigence, la même liberté ; *nova et vetera*.

Au cœur des villes, avec tes frères et sœurs, ta vocation monastique te fait donc, parmi tant d'autres, témoin vivant et
humble du Dieu caché ; accueillant, par là Ac 4, 33 5, 12
même, tout homme de bonne volonté à entrer, s'il veut, avec toi, au matin, au
milieu et au soir de chaque jour, dans la Lc 19, 47
contemplation de Dieu. Il y invite tout homme à le chercher, car tous sont héritiers, membres du même Corps, bénéficiaires de la même Promesse, dans le
Christ Jésus, par le moyen de l'Évangile. Ep 3, 6

132 Au cœur du désert, le moine et la moniale, par le labeur de la prière, de la conversion, de la pénitence, créent une oasis. Si, par grâce, l'eau vive jaillit, sache la partager. Au nom de la loi sacrée du désert et du saint devoir de l'hospitalité monastique ; à la rencontre de l'assoiffé,
Is 21, 14 va porter de l'eau. Ne te fais pas d'ennemis en ne partageant pas l'Eau du Rocher. Pour cela, le vrai moine ne craint pas d'être dérangé[1] . Pour être saint, ne sois pas indifférent. Pour être séparé, ne sois pas méchant. Même si ton ennemi a soif,
Rm 12, 20 donne-lui à boire. Que l'homme assoiffé s'approche, que l'homme de désir reçoive
Ap 22, 17 l'eau de la vie, gratuitement. Au jugement final, il ne te sera pas demandé si tu as
Mt 25 bien bu mais si tu as bien partagé. Non pas si tu as dit souvent : « Seigneur ! Seigneur ! »
Jn 13, 34 mais si tu as pratiqué la charité. Non pas si tu as fui les hommes, mais si tu les as servis. Vous avez reçu gratuitement, don-
Mt 10, 8 nez gratuitement.

Toute ta vie doit rester axée sur la quête première de Dieu et sauvegarder à tout prix silence, prière, lectio divina, vie communautaire, solitude, repos... Mais rythme ton existence sur le rythme de la ville.

---

1. Voir N 283-284, dans *Les Sentences des Pères du désert* (série des anonymes) ; trad. L. Régnault, Éd. de Solesmes-Bellefontaine, 1985, p. 101.

Sois moine d'abord, mais moine citadin. Seulement moine ou moniale, mais au cœur des villes. Travaille dans la ville, prie dans la ville, travaille et prie pour la ville. Pleure et chante avec la ville.

Comme la plupart des urbains qui bénéficient du week-end, ne crains pas de prendre un jour hebdomadaire de désert. De même qu'ils ont leurs vacances, aie des temps de retraite. Cela est vital pour tes frères et sœurs et pour toi. Apprends à vivre différemment les valeurs similaires. Ne te couche pas trop tard ; ne te lève pas trop tôt. La ville use ; tu dois durer. Trouve ton rythme. **133**

Ex 20, 8.11

Mc 6, 31 ; He 4, 1-11

Refuse au-dehors les visites dispersantes ; au-dedans, la télévision distrayante ; sacrifie une fois pour toutes spectacles et cinéma : cela fait partie des ruptures nécessaires. Mais reste informé, ouvert à l'accueil, attentif aux cris de la cité : par là aussi tu dois vivre la communion.

Jn 17, 16

Ne t'insère pas cependant dans la ville au point de t'y dissoudre. Tu n'as pas tant à y chercher ton meilleur enracinement qu'à apprendre à ses habitants à préparer leur meilleur déracinement. Car ils sont, eux aussi, étrangers et voyageurs sur la terre... Ils aspirent en fait, comme toi, à

une patrie meilleure, c'est-à-dire céleste.
C'est pourquoi Dieu n'a pas honte de
s'appeler leur Dieu : il leur a en effet pré-
He 11, 13-16 paré une ville ! Que ta vie dise ainsi à
ceux qui sont au cœur des villes qu'ils
sont tous en marche vers le cœur de notre
Ps 39, 13 unique Dieu.

134 Si le Seigneur t'en donne la grâce et si
tu restes fidèle, la ville ne t'enlèvera pas ta
Lc 9, 51 vocation monastique mais, au contraire,
l'affirmera, l'épanouira.

Veux-tu connaître la solitude ? La ville
Is 24, 10 n'est qu'une solitude.

Veux-tu vivre la communion ? Dans la
Ps 121, 3 ville, tout ensemble fait corps.

Is 52, 1 Tu veux être saint : la ville est sainte.

Sainte dès l'instant où elle est lavée par
Mt 27, 53 le sang du Christ sur la croix.

Sainte parce qu'un jour il fera d'elle son
Ap 21, 2 épouse belle.

Pour être un témoin, va dans la ville :
Is 1, 26 elle est appelée Fidèle.

Pour être un juste, va vers elle : elle est
Is 1, 26 dite Justice.

Si le moine est liturge, le temple où
Ps 10, 4 Dieu réside est au centre de la ville.

S'il est martyr, Jérusalem tue les pro-
Lc 13, 34 phètes et lapide les envoyés de Dieu.

Désires-tu anticiper le ciel ? Le ciel est
Ap 21, 2 une ville.

Te réjouir en Dieu ? Il crée pour toi la ville-joie. Is 65, 18

Désires-tu voir Dieu ? L'ange te fait voir la Ville sainte venue de chez Dieu. Ap 21, 10

Rencontrer Dieu face à face ? Dieu demeure en la ville. Ps 134, 2

Veux-tu te fondre en Dieu ? Sois moine dans la Ville-Dieu. Is 60, 14

C'est sur la ville qu'a été répandu le **135**
sang de l'Agneau :

Le sang de la coupe, le sang de son front et le sang de son côté. Mc 14, 24 Lc 22, 44 Jn 19, 34

C'est sur la ville qu'est descendu le feu de l'Esprit Saint. Ac 2, 3-5

C'est sur la ville qu'a retenti la parole du Père. Jn 12, 28

Dans la ville, Jésus s'est battu contre le diable et l'a définitivement vaincu. Mt 4, 5

Dans la ville, Marie a vécu, Jésus a enseigné, les apôtres ont évangélisé, prêchant le repentir, à commencer par Jérusalem. Lc 24, 47

Les prophètes ont prophétisé dans la ville, les prêtres y ont sacrifié, les sages y ont parlé...

Les témoins ont témoigné dans la ville. Lc 24, 48

L'amante du Cantique cherche le Bien-Aimé en parcourant la ville. Ct 3, 3

Manquerait-il des veilleurs sur la ville ?

« Pour Sion je ne me tairai point...

Sur tes murailles, Jérusalem, je poste des veilleurs,

Ni de jour, ni de nuit, jamais ils ne doivent se taire! »

Is 62,1-6

12. Au cœur du monde

Le saint moine, c'est celui qui est, avec **136**
le monde, dans son désert, et au désert
quand il est dans le monde[1] .

La recherche de Dieu, seul nécessaire,
passe par l'homme, car l'homme est
image de Dieu, Corps du Christ et Temple Sg 2, 23 1 Co 12
de l'Esprit. En ce monde où tout passe, 1 Co 3, 16-17
Dieu seul suffit ; mais Dieu s'est lui-
même mis dans le monde et nous y a pla- Sg 13, 1-5
cés. À la suite du Christ qui a fait de sa vie
un combat incessant face aux affronte-
ments du monde, en même temps qu'une Jn 15, 18-20
incarnation profonde au cœur de sa réalité
quotidienne, ta vocation monastique, en
t'appelant à le suivre et à le servir te
convie donc à quêter le visage de Dieu là
où il est : au cœur du monde, et à y pour- Ap 17, 27-28
suivre le même combat que lui. Lorsque Jn 16, 33
tu deviens moine ou moniale, Jésus ne te
demande pas d'abord de te retirer du
monde, mais de te garder du Mal. Comme Jn 17, 15
le Père a envoyé Jésus dans le monde, lui
aussi t'envoie dans le monde. Tel est le Jn 17,8

---

1. Un ermite du mont Athos (notes de voyage de fr. Pierre-Marie).

testament du Testament du Fils de Dieu fait homme.

137 Pourtant, tu ne peux chercher Dieu et te
réaliser pleinement toi-même qu'en te
gardant de ce monde dont la figure passe,
1 Co 7, 31 et en en usant comme n'en usant pas. Si
nous sommes de Dieu, nous ne pouvons
Jn 4, 5-6 en même temps être du monde. C'est en
ce sens qu'il est dit : « L'amitié pour le
Jc 4, 4 monde est inimitié pour Dieu » ; et : « Si
1 Jn 2, 15; quelqu'un aime le monde, l'amour du
Jn 5, 41-44 Père n'est pas en lui. Car le monde tout
1 Jn 5, 19 entier gît au pouvoir du Mauvais. » Tu ne
Mt 6, 24 peux donc servir deux mondes à la fois.
C'est pourquoi le Christ t'a averti que
cette rupture nécessaire avec le monde
peut te conduire jusqu'à la contradiction,
l'incompréhension, le rejet peut-être : « Si
vous étiez du monde, le monde vous aime-
rait bien. Mais parce que vous n'êtes pas
du monde, puisque mon choix vous a reti-
rés du monde, le monde vous hait.
Rappelez-vous la parole que je vous ai
dite : le serviteur n'est pas au-dessus de
Jn 15, 19-20 son maître. » Le propre de ta vie monas-
tique reste donc la fuite du monde. La
fuite de l'esprit du monde, mais dans la
1 Jn 4, 1-6 réalité du monde.

Toute ton exigence monastique consistera donc à te garder du monde sans t'en couper ; à t'y insérer sans t'y diluer. C'est sur ce double commandement d'amour que tu seras jugé. *Une des tâches les plus délicates pour les moines consiste à allier harmonieusement présence au monde et détachement du monde ; l'un et l'autre étant nécessaires pour qu'ils jouent le rôle de signe du Royaume que l'Église et le monde lui-même attendent d'eux* [1]. Que ta vie cachée ne soit donc pas une vie obscure. Comme Jésus à Nazareth, vis-la devant Dieu et devant les hommes sans faire de ta rupture un mépris, de ton retrait un oubli, de ta solitude une misanthropie. « Au contraire, agissez en tout sans murmure ni contestation afin de vous rendre irréprochables et purs au sein d'une génération dévoyée et pervertie, d'un monde où vous brillez comme des foyers de lumière en lui présentant la Parole de vie. » Ta présence à Dieu n'est pas fonction de ton éloignement des fils de Dieu mais de l'ouverture de ton cœur à Dieu. C'est l'amour et non la haine qui te distinguera du monde. Pour cela, ne verse jamais dans l'ascétisme acariâtre, le dédain suffisant, la solitude bourrue, qui font ce qu'on a pu appeler le méchant moine[2].

138

Mt 5, 14-15

Lc 2, 51-52

Ph 2, 15-16

Jn 13, 34-35

1. Paul VI, *Exhortation sur la vie contemplative.*
2. Olivier Clément, *Questions sur l'homme*, Stock, 1972.

139 Cela, toute une génération de devanciers te l'enseigne : les moines ont toujours su être proches tout en restant distants, solitaires tout en se voulant solidaires[1], attentifs aux besoins des hommes[2], tout en n'étant inquiets que de Dieu. Selon les siècles, les événements, les civilisations, tout en vaquant aux choses de Dieu, ils ont su apporter leur contribution à l'œuvre du monde... À leur exemple et à leur suite, tu as à découvrir l'équilibre de ta vie, entre une indispensable rupture et une nécessaire communion. À fuir vraiment et
1 Jn 2, 15-16 radicalement l'esprit du monde, tout en
Jn 3, 16-17; restant incarné en lui. À unir en toi à la
Jn 12, 46 fois Marthe et Marie[3].

Ne sacralise pas le retrait du monde en croyant que rencontre de Dieu et sanctification te seront assurées par la seule vertu de l'isolement ou de la solitude. Contre cela, même de saints moines[4], même de saints ermites[5] te mettent sévèrement en garde. Le désert ou le retrait loin du monde habituel, en eux-mêmes, ne sont pas des grâces mais seulement des moyens : on peut emporter le monde

---

1. GR 3, p. 53 ; 7, p. 63 ; 20, p. 92 ; PR 97, p. 226.
2. RB, 53 ; 58 ; 61 (II, 611 s. ; 627 s. ; 637 s.).
3. Aelred de Rielvaux, *Sermon sur l'Assomption.*
4. GR 6, p. 62 ; 7, p. 63.
5. Philoxène de Mabboug, *Lettre à Patricius*, IV, 31-32.

entier dans une vie de solitude et vivre un
vrai seul à Seul avec Dieu au cœur du monde quotidien. Jn 8, 29 ; Jn 16, 32
Ne te bats donc jamais
pour canoniser des formes et mène le vrai
combat de la foi au plus profond de ton 1 Tm 1, 18 ; 6, 12
cœur. C'est la foi qui te fait tenir : ne t'en-
orgueillis pas, crains plutôt et reste dans Rm 11, 20
l'état où t'a trouvé l'appel de Dieu. 1 Co 7, 17 ; 20.24

140

Tu sais pourtant que l'on ne peut épou-
ser la vie monastique sans quitter tout ce
que l'on a de cher, rechercher des lieux de Lc 14, 25-27
silence, vivre des temps de solitude,
vaquer seulement aux choses de Dieu. Lc 10, 42
Pense alors que tu sers peut-être plus
encore ce monde en le quittant d'une cer-
taine manière, car tu lui rappelles ainsi,
par ta vie, son sens ultime, son exigence
dernière, et tu lui offres l'appui de ta priè-
re. Il lui est utile que tu dises être inutile. Lc 17, 10
Le monde a besoin de moines qui le quit-
tent pour lui être ministres d'inquiétude,
signes d'interrogation. 1 Jn 4, 9

Plus fondamentalement, au cœur de Dieu qui a créé, racheté et tant aimé le monde, tu retrouves l'univers entier. Tu ne saurais donc être davantage présent au monde qu'en vivant constamment en présence du Créateur du monde.

Dans l'immense corps ecclésial et dans
la grande famille monastique, vis ton cha-
1 Co 12, 4-11 risme propre dans la complémentarité : en
te réjouissant d'abord que d'autres, diver-
sement, vivent leur insertion et leur sépa-
ration ; en acceptant humblement, ensuite,
tes limites, tant dans la proximité que dans
la distance du monde. L'expérience, la vie
et l'Esprit te diront peu à peu la couleur
propre de ton charisme particulier et la
richesse personnelle de la spiritualité de
Jérusalem. Peut-être sera-t-elle avant tout
celle de l'écartèlement. N'est-ce pas cela
Jn 15, 19 la croix ?

141 Pour vivre de ce juste équilibre que
Jésus seul a su trouver, veille sans cesse à
éviter le double écueil de l'indifférence et
de l'immersion. À trop te garder en ruptu-
Jn 17, 4-7 re ou à distance du monde, ta vie ne serait
plus monastique ; à trop la mettre en
conformité, elle le serait moins encore.
D'une part, tu dois refuser le monde ainsi
qu'il est écrit : « N'aime ni le monde ni
1 Jn 2, 15 rien de ce qui est dans le monde. » D'autre
part, tu dois aimer le monde, ainsi que le
même apôtre l'écrit : « Celui qui n'aime
pas son frère qu'il voit ne saurait aimer le
1 Jn 4,20 Dieu qu'il ne voit pas. » Ce Dieu qui a tant
aimé le monde, qu'il lui a donné son Fils
Jn 3, 16 unique ! Si donc, toi, tu te sépares du
monde, que ce ne soit pas pour le condam-

ner mais pour que le monde soit sauvé par Jn 3, 17
le Christ que tu rejoins où il est. Seul un très grand amour peut porter un juste mépris du monde. Ce n'est que pour 2 Co 5, 19
mieux le retrouver et le servir en Dieu que tu peux le quitter et t'en séparer. Tu n'auras jamais fini d'apprendre à aimer ! Ga 5, 14

Enfin, n'oublie pas que la communauté où tu vis est la part privilégiée de l'univers où tu as à te situer. Que ton monastère soit donc en premier ce lieu du monde où se vivent et se partagent l'amour, l'accueil, la Ac 4, 32
joie, le travail, la ferveur, la louange, la paix. C'est cela aussi être dans le monde : Dt 28, 9-10
révéler et trouver Dieu au cœur du monde, dans le souvenir retrouvé de sa beauté première et l'anticipation joyeuse de son bonheur à venir. Dans le désert du monde urbain, que ton monastère soit ainsi une oasis de paix, de prière et de joie. Une épiphanie de l'amour de Dieu.

Deux choses ont traditionnellement aidé **142**
moines et moniales à se situer et à se signifier dans la présence et la distance à l'égard du monde : la clôture et l'habit.

Aucune clôture murale n'entoure le Is 54, 2-3
périmètre de ton existence monastique. Ne regrette pas ce que tu aurais du mal à fonder sur une seule parole de l'Evangile.

Mais il t'appartient d'établir autour de ta vie une clôture morale. Garde fermement les temps et les lieux où il est prévu que tu es en seul à Seul avec Dieu ou en cœur à cœur avec tes frères.

Veille sur ton œil : « La lampe de ton corps, c'est l'œil. Si ton œil est sain, ton corps tout entier sera dans la lumière ; mais si ton œil est malade, ton corps tout
Mt 6, 22-23 entier sera dans les ténèbres. »

Veille sur tes lèvres : « Que le Seigneur établisse une garde à ta bouche et qu'il
Ps 140, 3 veille à la porte de tes lèvres. »

Veille sur tes mains : « Si ta main est
Mt 5, 30 pour toi une occasion de péché, arrête-la. »

Veille sur tes pas : « Si ton pied est pour
Mt 18, 8 toi une occasion de péché, détourne-le. »

Veille sur tes rencontres : « Ne va pas t'asseoir avec le fourbe, chez l'hypocrite
Ps 26, 4 tu ne peux entrer. »

Veille sur ton cœur : « Là où est ton tré-
Mt 6, 21 sor, là aussi sera ton cœur. »

Revêts seulement la cuirasse de la foi et de l'amour, avec le casque de l'espérance
1 Th 5, 8 du salut. Alors, tu n'auras pas peur d'avoir

comme clôture la ville : car cette ville sera habitée éternellement. Jr 17, 25

« Jérusalem doit rester ouverte, dit Dieu ; quant à moi, je serai pour elle une muraille de feu tout autour et je serai sa Gloire au milieu d'elle. » Za 2, 8-9

143 Pour vivre et signifier cette présence et cette distance, ton appartenance à Dieu et ta séparation du monde dans le monde, porte un habit monastique.

Depuis toujours et partout, et même hors du christianisme, moines et moniales ont eu un habit enveloppant leur prière, disant leur pauvreté, signifiant leur consécration et leur appartenance perpétuelle et entière au Seigneur, exprimant leur simplicité de vie et leur communauté de sentiment. Ainsi en est-il pour toi. Aime ce symbole de ta communion avec les Pères et de la transmission de leur esprit, que ta vie, à sa manière, nouvelle et ancienne, prolonge aujourd'hui.

Ne cherche pas cependant à faire plus monastique que les moines et, quand tu vas à ton travail, comme eux, si nécessaire, en accord avec la communauté, sois en tenue de travail. Mais, pour le reste, porte l'habit qui t'a été donné.

Avec l'Orient, crois que l'habit façonne le moine. Avec l'Occident, rappelle-toi que lui seul ne le fait pas. Revêts ton corps et habille ton cœur. Habite ton habit. Moines et moniales, notre habit nous rappelle à tous que nous sommes des consacrés.

144 En coule, tu célèbres la divine Liturgie. En habit monastique, célèbre la liturgie de la table, de la cellule, du chapitre, du monastère. Toute ta vie est liturgie.

Signifie par lui ton appartenance au Christ et que tu es à lui tout entier et pour toujours : « Vous avez été bel et bien achetés ! » (1 Co 7, 23) Oui, nous lui sommes vendus ! Mais au titre de l'Amour. Moniale, tu es l'épouse du Christ. Moine, tu es le disciple du Christ. (1 Co 7, 22 ; 2 Co 11, 2 ; Jn 15, 8) « Vous tous, en effet, qui avez été baptisés en Christ, vous avez revêtu le Christ. » (Ga 3, 27) « C'est vous qui êtes mes témoins – oracle du Seigneur – et mes serviteurs que j'ai choisis.» (Is 43, 10) Si tu sais porter ton habit monastique sans honte ni murmure, ce sera pour toi route de liberté, de joie, entrée dans la Kénose du Christ et chemin vers sa Gloire.

Ne crains pas de faire triste : La joie est dans le regard. (Ps 18, 9 ; Pr 15, 30)

Ne regrette pas de rester anonyme : Dieu t'appelle à être témoin. Is 43, 10

N'aie pas peur de provoquer : croyants et incroyants attendent de toi le courage d'une foi silencieusement et joyeusement signifiée.

Si l'on te méprise, sache qu'on a méprisé le Christ avant toi. Jn 15, 18-19; Lc 10, 16

Ne crains pas de faire uniforme ou différent : la mode à laquelle chacun se soumet est autrement impérialiste et versatile. Apprends par là la liberté ! Ga 5, 13

Cet habit, tu ne l'as pas choisi, tu l'as reçu : il t'ouvre ainsi à la pauvreté et à l'humilité. Il t'a été remis : il t'ouvre ainsi à l'obéissance. Ne lui donne pas plus de valeur qu'il ne saurait en avoir mais crois qu'il représente un test révélateur pour les renoncements à venir, autrement vitaux, auxquels la vie monastique te conviera. Dieu te demandera un jour, comme à Abraham, non seulement de tout quitter, de marcher devant lui, mais aussi de lui immoler ton Isaac. Tu n'as pas encore résisté jusqu'au sang dans la lutte contre le péché ! **145** Gn 22, 2 He 12, 4

Séparé de tous et uni à tous, moine ou moniale, au cœur du monde, revêtu de sa
Ba 5, 1-2 ; Is 61, 10 beauté, chante la gloire de ton Dieu !

13. En Église

Hors de l'Église, nul ne peut être moine. **146**

Toute vie monastique authentique implique une appartenance effective à l'Église.

D'une part, parce que la vocation monastique ne peut s'épanouir que dans le cadre d'une réalité ecclésiale ; d'autre part, parce que son sens ne s'approfondit pleinement que dans le mystère de l'Église. Ep 4, 1-7
Tu dois donc, tout à la fois, méditer ce mystère et creuser cette réalité pour trouver, dans cette contemplation de la plus belle des œuvres divines, la sainte Église, de quoi éclairer et soutenir chaque jour ta marche laborieuse vers Dieu.

Le mystère de l'Église est celui d'un peuple nouveau racheté par le sang de l'Agneau, faisant de tous les baptisés des fils en son Fils, des concitoyens des saints Ep 2, 19
et des membres de la maison de Dieu. 1 P 2, 9
Vivifié par l'Esprit, ce peuple saint est réuni dans le Christ pour avoir accès par lui auprès du Père. Ep 2, 18

147 Dans le Christ qui l'a rachetée, fondée, sanctifiée, toute la construction de l'Église s'ajuste donc et grandit en un temple saint. En lui chacun est intégré à l'édifice pour devenir une demeure de Dieu dans
Ep 2, 21-22 l'Esprit. Pour réaliser ce grand mystère
1 Co 12, 12-30 qui est celui-là même du Corps du Christ – car nous sommes le Corps du Christ et
1 Co 12, 27 membres chacun pour sa part – l'Église prolonge dans le monde la présence, la louange et la mission du Christ en s'associant au sacrifice de celui qui s'est offert
He 2, 10-18 lui-même au Père pour la vie du monde.

Moine ou moniale, pour quêter le visage du Christ à qui tu veux donner ta vie, et pour t'unir au mieux à son sacrifice, tu es
Col 1, 24 ; Ep 1, 11-12 membre privilégié de son Église.

Le constructeur de cette vivante unité, c'est l'Esprit qui est aussi vie et force du
Ac 2, 1-4 peuple de Dieu, lien de sa communion, vigueur de sa mission, source de ses multiples dons, de son admirable harmonie, lumière et beauté de son pouvoir créateur, flamme de son amour[1] . Aussi bien est-ce en un seul Esprit que tous nous avons été baptisés pour ne former qu'un seul Corps. Car tous nous avons été abreuvés d'un
1 Co 12, 13 seul Esprit.

---

1. VATICAN II, Constitution dogmatique sur l'Église *Lumen Gentium* (LG) n° 4, 7, 9, 12, 18, 21.

Pour vivre sous la mouvance de l'Esprit qui doit guider toute ta vie, moine et moniale, vis au cœur de l'Église de Dieu.

C'est donc par l'Église, avec elle et par elle, que tu participes à la vie en Christ et à la vie dans l'Esprit. Et puisqu'il n'y a qu'un seul Corps et qu'un seul Esprit, il n'y a aussi pour toi qu'une Espérance au terme de l'appel que tu as reçu : celle de l'Église ta mère. *Cette communion des saints dans l'unité de l'Église et de la foi est telle que, croyant en un seul Dieu, renés dans un seul baptême, fortifiés par un seul Esprit Saint, nous sommes tous élevés par la grâce de l'adoption à l'unique vie éternelle*[1] . **148** Ep 4, 4

Nous donc, nous communions à l'Esprit Saint si nous aimons l'Église, et nous l'aimons si nous tenons en son unité dans la charité[2] . *Plus tu seras d'Église, plus ta vie sera donc centrée sur le Christ et animée par l'Esprit, et par là même monastique. La sainte Église est le Corps du Christ, un seul Esprit la vivifie, l'unifie dans la foi et la sanctifie... Quand donc tu deviens chrétien, moine, tu deviens membre du Christ, membre du Corps du*

---

1. S. Pierre Damien, PL 145, 231 s.
2. S. Augustin, *Commentaire sur le Ps. 130.*

Christ, participant de l'Église et de l'Esprit du Christ[1] .

Ep 2, 18-19 Ainsi as-tu accès à la grâce de Dieu par la sainte Église qui, en même temps, signifie sa Présence et te transmet sa Vie, devenant pour toi réalité sacramentelle.

149 En méditant ce mystère de l'Église, mystère de vie et d'unité de la rencontre de Dieu en l'homme et de l'homme en Dieu, tu trouveras la sève profonde qui conduit tout élan monastique depuis ses
Ep 4 origines. C'est cette Église maternelle qui saura t'apprendre l'écoute de la Parole, la prière intérieure, la passion pour l'unité, la fidélité dans la foi, la constance dans ta mission propre, le service des frères et l'humilité du repentir. Autant de vertus types qui font la vie monastique[2] . C'est par l'Église que tu vivras ta sanctification et ta mission proprement monastiques, au cœur des Fraternités de Jérusalem.

Ta vie monastique est donc une marche
Lc 9, 13 à la suite du Christ faite en Église. Par la profession des conseils évangéliques de
Jn 12, 26 pauvreté, de chasteté et d'obéissance, la

1. Hugues de Saint-Victor, *De Sacramentis*, II, 1, 2.
2. Rapport évêques-religieux, DC n° 1748, p. 778, 4.

promesse de conversion des mœurs et de la tendance à la prière continuelle, l'engagement d'écarter tout obstacle susceptible de s'opposer à la charité et à la perfection du culte divin[1] , tu t'engages à pousser jusqu'au bout la commune vocation baptismale à la vie dans l'Esprit. Ga 5,22-25

Le moine se livre totalement à Dieu aimé par-dessus tout, pour être ordonné au continuel service du Seigneur et à sa Gloire à titre nouveau et particulier, par une donation totale de soi qui l'unit à l'Église et à son mystère de manière spéciale[2]. A tel point qu'il y a un lien indubitable entre la vie monastique et la vie de l'Église, entre la sainteté monastique et la sainteté ecclésiale[3] . Ton état monastique, dès lors, *ne se situe pas entre la condition du clerc et celle du laïc mais il provient de l'une et de l'autre, comme un don spécial pour toute l'Église*[4] . Par cela, tu participes d'une manière particulière, *en tant que consacré, à la nature sacramentelle du peuple de Dieu*[5] .

---

1. «*Mutuae Relationes*», DC, *ibid.*, 10.
2. LG, 40.
3. *Ibid.*
4. LG, 43.
5. DC, *ibid.*, 10.

150 Par ta vocation monastique, deviens donc un témoin visible de ton appartenance à Dieu. Par cette vocation ecclésiale, offre au monde un signe visible de l'in-
Mt 5, 14 sondable Mystère du Christ et de la richesse incomparable de son amour pour
Ep 3, 19 toi, qui surpasse toute connaissance. Par elle encore, témoigne publiquement, dans l'Église-sacrement, que *le monde ne peut être transfiguré et offert à Dieu sans l'esprit des Béatitudes*[1] . Par elle enfin, avec tes frères et tes sœurs consacrés, enrichis
1 Co 12, 7 l'Église d'un charisme propre qui trouve sa place dans l'harmonie du Corps tout entier. Sois donc attentif et fidèle à cette double mission de témoignage silencieux et de vie dans l'Esprit, à la fois charismatique et apostolique. Le Seigneur veut que tu sois, dans son Église, le témoin discret mais authentique de cet absolu qui vaut
Mt 6, 33 plus que tout.

Par ta vie d'ascèse et de renoncement,
Col 1, 24 participe à l'Église souffrante.

Par le témoignage d'une vie disant que Dieu seul suffit, participe à l'Église mili-
Jn 6 ,27 tante.

Par tout ce que ta vie anticipe déjà du royaume des cieux et par le lien que ta liturgie établit avec la communion des

1. LG 31.

saints du ciel, participe à l'Église triomphante. He 12, 22-23

Que toute ta vocation monastique soit ainsi au cœur même du grand Mystère ecclésial.

Cette appartenance à l'Église se marque par le lien avec l'épiscopat. **151**

L'Église, c'est le peuple uni à son pasteur ; l'évêque est dans l'Église et l'Église dans l'évêque[1] . Tu ne peux contredire aujourd'hui ce que la Tradition dit depuis des siècles.

Le Seigneur lui-même a institué, dans son Église, des ministères variés qui tendent au bien de tout le Corps[2] . Parmi ces ministères, celui de l'épiscopat est le fondement de tous les autres... En dehors de l'évêque, nul n'exerce dans l'Église une fonction organique de fécondité[3], d'unité[4], de pouvoir spirituel[5] et d'appel à la sainteté, aussi fondamentale et qui influe sur toute l'activité ecclésiale[6].

---

1. S. Cyprien.
2. LG, 18.
3. LG, 19.
5. LG, 23.
16. LG, 22.
17. DC, *ibid*, 6.

Entre le privilège de l'exemption et l'étroitesse de l'incardination, notre vocation monastique se situe dans un lien fondamental avec l'Église locale en la personne de son pasteur.

Nous n'avons pas à créer une église dans l'Église mais à être cellule d'Église dans l'Église une et sainte. Vis en cela la lettre et l'esprit consignés dans les Constitutions de ton Institut : elles sauvegardent à la fois ta spécificité monastique dans une indispensable autonomie, et marquent en même temps ton appartenance à l'Église locale par laquelle tu existes, que tu sers et dont tu es.

Crois à la richesse et au développement
1 P 1, 20 de la théologie en ce domaine, retrouvant ainsi la sève profonde des origines. Ton écoute et ta disponibilité à l'égard de la hiérarchie provoqueront en elle la grâce qui reviendra sur toi. Convertissant ta vocation contemplative, tu la convertiras à la contemplation. N'entretiens à cet égard aucune nostalgie historique ou sociologique. Cet esprit de filiale dépendance dans la foi te permettra plus encore de sauvegarder et d'enrichir ta spécificité monastique. Crois que les évêques y croient autant que toi ! Et si, d'aventure, apparemment ce n'était pas le cas, ton

obéissance vaudrait plus que tout et ta déférence les amènerait alors à lui donner toute leur confiance et leur foi.

153

C'est l'Église qui a fondé la Famille monastique de Jérusalem. Elle l'a posée sur le fondement qui s'y trouvait déjà, à savoir Jésus Christ. Le frère qui en est le « fondateur » n'en est que l'instrument. Mais Dieu a voulu qu'il soit nécessaire : *Le charisme du fondateur se révèle comme une expérience de l'Esprit, transmise à ses disciples pour être vécue par ceux-ci, gardée, approfondie, développée constamment en harmonie avec le Corps du Christ, en croissance perpétuelle. C'est pourquoi l'Église défend et soutient le charisme propre des diverses fondations*[1] .

1 Co 3,11

Ac 9, 15 ; Rm 15, 17

Reconnais en lui le serviteur de l'Église du Christ et celui aussi par qui une grâce particulière a été faite à ta Fraternité ; vois le charisme propre qui est le sien par lequel Dieu t'a parlé dans l'Esprit, et accepte-le. En mettant ainsi à sa juste place ce frère aîné, tu lui accorderas toute sa place et, par-delà sa faiblesse humaine,

Lc 17,10

1. VATICAN II, Décret sur la charge pastorale des évêques, *Christus Dominus* (CD), 33 et 35.

c'est sur la sainteté de l'Église du Christ, dont il est le serviteur, que tu t'affermiras[1] .

Vis donc ainsi la double écoute du Christ à travers l'épiscopat et de l'Esprit à travers le charisme de fondation[2] . De cette façon, la communion organique de l'Église sous son aspect spirituel comme sous son aspect hiérarchique, tire son ori-
Ep 2, 20-22 gine et sa force du Christ et de son Esprit[3] .

154 L'évêque, vis-à-vis de la Fraternité,
Lc 10, 16 représente le Christ.

C'est lui qui discerne l'opportunité de sa fondation, la permet, l'établit, la protège et la conduit[4] .

C'est lui qui approuve et authentifie la règle de vie qui conduit sa marche[5] .

C'est lui qui institue la famille monastique à laquelle tu appartiens en lui conférant la dignité d'un état canonique de vie[6] . Il veille donc à ce que celle-ci croisse et s'épanouisse dans l'esprit du charisme de son origine[7] .

---

1. Rapport évêques-religieux, DC, p. 778, 12.
2. *Ibid*, 9.
3. *Ibid*, 5.
4. LG, 45.
5. *Ibid.*
6. *Ibid.*
7. *Ibid.*

Il lui reconnaît son caractère propre et sa mission spécifique et se concerte avec elle pour lui confier, selon les circonstances, tâches et mandats particuliers[1] .

Plus fondamentalement, il consacre les moines et moniales à un plus haut service du peuple de Dieu[2] et présente la profession religieuse comme un état de consécration à Dieu[3] .

Célébrant fondamental de l'Eucharistie, il en délègue le pouvoir à chaque prêtre du monastère autour de qui se constitue l'assemblée eucharistique, et fait du moine un liturge dans l'Église de Dieu, au milieu des hommes. Voué à Dieu et à son troupeau par le don de toute sa vie, l'évêque invite chacun à vivre ce même abandon au Père et aux frères et sœurs. 1 Co 11,25-26

« *Perfector* », il conduit à la sainteté, avant même de gouverner et d'enseigner[4] .

Représentant enfin l'Épouse du Christ, dont il porte l'anneau, il est le principal dispensateur des mystères de Dieu et l'ar-

---

1. DC, *ibid.*, 8.
2. LG, 44.
3. VATICAN II, Constitution sur la Liturgie, *Sacrosanctum Concilium* , 80, 2
4. LG 25-27.

tisan de la sanctification de son troupeau selon la vocation reconnue à chacun[1] .

155 Pour vivre avec justesse ta vocation monastique, tu dois bien comprendre le sens de ce charisme épiscopal. Aie donc à l'égard de ton évêque l'écoute attentive que mérite celui qui a été placé sur ta route par le Christ lui-même pour gouverner ta vie selon l'Évangile. Si tu l'écoutes, tu écoutes le Christ ; si tu le méprises, tu méprises le Christ. Lui-même alors saura respecter ta vocation personnelle, le charisme de ta communauté, sans se substituer ni au fondateur, ni au prieur général élu par les frères, ni à la prieure générale élue par les sœurs, ni interférer dans les domaines qui ne sont pas les siens tant au plan du gouvernement interne, que du discernement, de la spiritualité ou de la liturgie de ta famille monastique[2] .

Mt 18,18; 16,18

Mt 10,40

Jn 13,20

156 L'archevêque de Paris a érigé l'ensemble de tes Fraternités en deux « Instituts religieux à caractère monastique ». Ces deux Instituts, de frères d'un côté, de sœurs de l'autre, ont leurs propres Constitutions et leur propre autonomie.

1. CD, 15.
2. DC, ibid., 13.

Autonomie de logement, en deux habitations distinctes ; de gouvernement avec, pour chaque Institut, un prieur général et une prieure générale séparément élus ; de discernement et de financement.

Ainsi peux-tu vivre une vocation spirituelle commune à l'ensemble des frères et des sœurs mais dans une séparation matérielle bien marquée ; et, dans ta propre fraternité, en lien ecclésial direct avec ton Église diocésaine, tout en restant en communion profonde avec l'ensemble de Jérusalem. Rends grâce au Seigneur pour cette unité si respectueuse des diversités et pour cette complémentarité qui laisse vivre les vraies libertés.

Aime les Constitutions que l'Église t'a officiellement données et qui valent à tes Fraternités une grâce ecclésiale toute spéciale de solidité et de fécondité. Souviens-toi que ces Constitutions que tu as votées ou auxquelles tu adhères en intégrant ton Institut religieux t'engagent en conscience. Respectes-en la lettre. Vis-en l'esprit. En les observant, elles te porteront. Avec le Livre de Vie, elles te guideront. *Garde ta règle et elle te gardera*[1] .

1. Adage monastique.

157 Dès lors, en quoi va consister pour toi l'évangélisation dans cet ensemble ecclésial ?

D'abord, en ce que tu dois crier
1 Co 18 l'Evangile par toute ta vie[1] . Le moine évangélise en s'efforçant de vivre dans leur radicalité les conseils évangéliques. Tu feras ainsi germer sur terre, sans phrases mais réellement, un peu plus de paix, de miséricorde, de pureté, de douceur, de justice. Par là, déjà, tu évangéliseras.

Ensuite, par le fait que, en te situant premièrement au niveau des réalités spirituelles (et secondairement au plan des réalités politiques, sociales, économiques, culturelles), tu atteins ainsi au plus réel de l'existence des hommes : ce point inaliénable et aussi universel qu'immortel, et que Jésus le premier appelle notre âme. De tout le réel, c'est le plus réel. Que sert à l'homme de gagner l'univers s'il perd
Lc 9, 25 son âme ? Que ta vie dise au monde le cri de l'Évangélisateur: « Insensé ! Cette nuit, on te la redemandera, ton âme! Et ce que
Lc 12, 20 tu as amassé, qui l'aura ? » Et tu ouvriras ainsi les hommes à la quête du vrai trésor.

---

1. Charles de Jésus, *Œuvres spirituelles*, p. 395.

Par le témoignage de ton amour partagé 158
disant au nom de qui tu aimes, et celui de Ac 2, 47
ta prière liturgique disant à qui tu parles, tu évangéliseras au mieux un monde avide de connaître celui qui est à la source de cette recherche et de cet amour. Bien mieux sans doute qu'avec des discours :
Dieu est Amour et seul l'amour partagé Jn 13, 35
peut dire Dieu. Vis donc avec tes frères, avec tes sœurs, de telle sorte que l'on puisse dire encore : « *Voyez comme ils prient ; voyez comme ils s'aiment*[1] » et
que l'on soit ainsi renvoyé à Celui qui est Ac 5, 12-14
la Source de cet amour et de cette prière. Mt 5, 16

Crois enfin que dans l'œuvre évangélisatrice, la prière d'intercession garde la suprême efficacité et que les vrais contemplatifs, en ce sens, ne sont pas les moindres missionnaires.

Si ta fonction n'est donc pas d'être pas- 159
teur, chargé de tel secteur territorial ou paroissial, tu n'en es pas moins apôtre, toi qui veux vivre le « quitte tout » aposto-
lique et choisis de mettre tout en commun Mt 19 ,27
à la manière des premières communautés
apostoliques. C'est cet abandon de tout Ac 2, 44
pour le Christ et ce partage de tout au nom

1. Tertullien, *Apologétique*, XXXIX, 7.

Ph 3, 7-8 du Christ, qui fait l'apôtre. Ta vocation monastique est donc, en cela aussi, éminemment apostolique.

Ce témoignage de l'absolu de Dieu t'appelant à la radicalité de ta vie dans l'esprit de l'Évangile du Christ, vis-le jusqu'au témoignage suprême : *Sois martyr par l'esprit, meurs au péché, mortifie-toi et tu seras pur dans ton esprit et martyr du Christ*[1] . Annoncer l'Évangile en effet n'est pas pour toi un titre de gloire ; c'est une nécessité qui t'incombe. Oui, malheur
1 Co 9, 16 à toi si tu ne prêchais pas l'Évangile! De toute ta vie offerte en sacrifice, redis : « Voici,
He 10, 7 je viens ! »

Que ta communauté, par la ferveur de sa prière, la réalité de son amour, la vérité de son accueil, soit cette cellule d'Église en tout semblable à ce que le Christ veut qu'elle soit : une, sainte, apostolique et universelle ; épiphanie du Seigneur de
Ph 2, 15 Mt 5, 14-16 Lumière.

160 Aime l'Église d'un grand amour mystique et filial.

---

1. N 600, dans *Les Sentences des Pères du Désert*, Éd. de Solesmes-Bellefontaine, 1985, p. 256.

Dignité grande et surnaturelle que reçoit l'homme en devenant membre de l'Église ! Merveilleuse union avec le Christ et, par le Christ, avec Dieu et avec tous les membres de l'Église ! Sublime mystère que celui de cette appartenance à l'Église ! Aussi grand que celui du Corps mystique du Christ ; que celui de l'Eucharistie, son achèvement ; que celui de l'Incarnation, sa base ; que celui de la Grâce, son fruit... Par son entrée dans l'Église, ton âme consacrée devient la véritable épouse du Fils de Dieu[1] .

---

1. MATTHIAS-JOSEPH (†1888), *Mystère de l'Église,* p. 81, 84.

14. Jérusalem

Jérusalem est ton nom nouveau. **161**

Un nom exprime une appartenance, traduit une mission, rappelle une exigence. Ap 3, 12

Le nom de Jérusalem que tu portes désormais, dit que tu appartiens au Seigneur tout entier et pour toujours ; que ta mission est de te laisser envahir par l'amour de Dieu et de l'annoncer par une vie de sainteté. Séparé de tous, vis uni à tous. Au cœur des villes, demeure au cœur de Dieu !

Parce que Jérusalem est la ville donnée par Dieu aux hommes et bâtie par les hommes pour Dieu, devenant en cela la patronne de toutes les villes du monde et que ta vocation est d'être citadin, tu es moine et moniale de Jérusalem.

Parce que Jérusalem est le lieu privilégié de la rencontre de l'homme et de Dieu et que ta vie est une quête de cette rencontre et de cet épanouissement en lui, tu es moine et moniale de Jérusalem.

Lc 1, 22.41 ; 4, 9 ; 9, 51 ; 13, 22 ; 19, 47

Parce que Jérusalem est la ville où Jésus Christ est monté pour adorer, enseigner, mourir et ressusciter, et que ta vie est une marche derrière lui qui y fut de plus en plus seul en face du Seul, tu es moine et moniale de Jérusalem.

Parce que Jérusalem est le lieu béni de la venue de l'Esprit sur l'Église et que ta vie monastique est une vocation ecclésiale et spirituelle, autour de l'Evangile des apôtres et de la personne de Marie,
Ac 1, 13-14 ; 2, 5 comme au premier jour de Pentecôte, tu es moine et moniale de Jérusalem.

Parce que Jérusalem est le lieu des pre-
Ac 2,42-47 ; 4,32-35 mières communautés chrétiennes prémonastiques et que dans ce partage d'amour et cette ferveur de prière est la source de ta vocation orante et fraternelle, tu es moine et moniale de Jérusalem.

163 Parce que Jérusalem est le lieu où les trois religions monothéistes sont merveilleusement rassemblées et dramatiquement divisées et que ta vocation est de
He 11,10-12 vivre l'œcuménisme des fils d'Abraham en lien vivant de communion, tu es moine et moniale de Jérusalem.

Enfin, parce que la Jérusalem d'en-haut
Ga 4,6 qui est libre et notre mère est la promesse

de notre récompense dernière, et que toute notre vie monastique cherche à anticiper l'entrée dans le Royaume et tend de toutes ses forces vers lui, tu es moine et moniale Ap 22
de Jérusalem.

La fête qui exprimera au mieux tout cela, et devient de ce fait celle de tes Fraternités, sera celle du saint jour de Pâques. Mc 14,12-16

Il est clair que ce nom te dépasse tout comme celui de chrétien ou de fils de Dieu. Reste donc humble en te sachant indigne de le porter et fais tout pour l'exprimer par une vie de vérité. Laisse-toi imprégner par lui, façonner par la grâce qu'il porte, et peu à peu, deviens, par le nom que tu as reçu, ce qu'il te rappelle que tu es : fils et fille de ta Mère, la Ps 86,5
Jérusalem nouvelle.

En lisant l'Écriture, en chantant les 164
psaumes, en méditant les prophètes, en suivant la trace du Christ, dans l'Évangile laisse-toi enseigner par « Jérusalem ». Ce nom deviendra pour toi comme une clef pour les saintes Écritures, un appel incessant à la conversion, au repentir, à la louange, à la sainteté, à la jubilation :

Aux jours de peine, ton nom te réconfortera: Courage, Jérusalem, il te consolera celui qui t'a donné un nom! Ba 4,30

Aux jours de lassitude, il te réveillera : Sur tes murailles, Jérusalem, je poste des veilleurs ; ni de jour, ni de nuit, jamais ils ne doivent se taire. Is 62,6 ; 52,8

Aux jours de médiocrité, il te convertira : Malheur à toi, Jérusalem, qui restes impure! Combien de temps encore tarderas-tu ? Jr 13,27

Aux jours d'inquiétude, il t'apaisera : Voici que je fais couler vers Jérusalem la paix comme un fleuve. Is 66,12

Aux jours de joie, il te dilatera : Qu'on soit dans la jubilation et qu'on se réjouisse, car je vais créer Jérusalem « Joie » et son peuple « Allégresse ». Is 65,18

Tout au long de la vie, par ce nom, le Christ t'appellera à le suivre : Voici que nous montons à Jérusalem! Mc 10,33

Au terme de la vie, il t'accueillera : Je graverai sur toi le nom de la cité de mon Dieu, la nouvelle Jérusalem qui descend du ciel et le nom que je porte. Ap 3,12

Tu as reçu ce nom dans le secret de ton cœur, au terme du carême de la pénitence, dans la nuit de Pâques. Tu l'as reçu officiellement, de l'Église, au terme du carême de la joie, dans la lumière de Pentecôte. Que chaque année, Jérusalem t'encourage à vivre cette double marche d'ascèse et de louange en souvenir des jours bénis où ce nom te fut donné. Dans la joie du Christ ressuscité et la Lumière de l'Esprit sanctificateur.

Il sera bon que, sur le tronc commun initial de Jérusalem, né pour vivre, au cœur des villes, une exigence de prière, d'amour, de travail, de silence et de partage, dans un esprit de chasteté, de pauvreté, d'obéissance, d'humilité et de joie, puissent s'épanouir des rameaux dont la diversité ne fera que renforcer l'unité. La multiplicité des charismes, la diversité des appels entendus, la variation des itinéraires selon les âges de la vie de chacun, tout cela demande de rester attentif à différents types de vocation pouvant s'harmoniser dans la communion de la même Famille monastique, non point pour refaire en miniature toute l'Église, mais pour partager librement et largement avec ceux que l'Esprit envoie, pour vivre eux aussi « au cœur des villes, au cœur de Dieu ». **166**

Que « *Jérusalem-cénacle* », s'inspirant à la fois du Carmel et de saint Benoît, prenne la couleur d'une communauté cénobitique bien structurée sans être trop institutionnalisée, où liturgie, vie commune, adoration, temps de cellule, travail salarié, accueil discret, trouvent leur place dans l'harmonie...

Que « *Jérusalem-temple* », s'inspirant à la fois de saint Basile et de saint Dominique, ait l'allure d'une communauté plus apostolique, mettant très fort l'accent sur la vie fraternelle, l'insertion ecclésiale, le prolongement apostolique par une note pastorale aux contours bien définis, mais tout en sauvegardant fermement toutes les exigences monastiques de silence, de prière et de solitude.

Que les « *Laures de Jérusalem* », s'inspirant à la fois de saint Bruno et de frère Charles, puissent s'ouvrir aux vocations de frères ou de sœurs appelés à plus de silence ou de solitude, mais insérés « au cœur des masses » dans le désert des grandes villes. À côté du cénobitisme, le monachisme a toujours vu fleurir l'érémitisme. Pour ce qui est de l'esprit et du rythme de vie de ces frères et sœurs en solitude, conforme-toi à ce qu'en disent les Constitutions de ton Institut. Cette distinction bien typée, classique et logique, libère les charismes respectifs et, de cette complémentarité reconnue, naîtra une profonde harmonie. Et une vraie liberté spirituelle pour tous, dans la joie et la paix.

Autour de chaque communauté cénobitique de moines ou de moniales, des frères ou des sœurs (auxquels il sera reconnu un charisme fondamental et éprouvé, les appelant à un plus grand engagement de type professionnel, caritatif ou pastoral) seront accueillis à titre de « *Familiers* ». Pour cela, conforme-toi à ce qu'en précisent leur Statuts particuliers.

Que la Famille de Jérusalem, enfin, permette à des laïcs, hommes et femmes, célibataires ou mariés, de tous âges, de toutes conditions, de tous milieux, de vivre dans le respect de leurs engagements familiaux, professionnels, économiques, sociaux, culturels, civiques ou politiques, quelques-unes des exigences essentielles de Jérusalem et de son esprit évangélique. Ils forment ensemble une Association de Fidèles. Respecte en cela les Statuts propres élaborés pour eux en lien avec l'ensemble de Jérusalem.

Que tel soit, si Dieu le veut, l'arbre de Jérusalem dans le cadre de chaque Église locale.

Aime que ta Famille monastique puisse avoir ces colorations variées, et prie pour que rien, d'une manière ou d'une autre, par trop d'audace ou de crainte, de prudence ou d'impatience, ne vienne ici faire obstacle à la grâce du Seigneur.

169 Pour que de telles diversités puissent s'harmoniser dans une communion dynamique et vivante et ne soient pas livrées à la fantaisie des vouloirs propres, il importera :

D'une part, que le discernement des vocations et la désignation des appartenances soient faits par les prieurs généraux après écoute de leurs Conseils, qui ont ainsi un rôle capital à jouer. Seule l'obéissance peut en effet aider ici à agir selon la volonté de Dieu et sauvegarder l'unité.

D'autre part, qu'entre toutes ces Fraternités ou modes de vie consacrée, de forts liens de communion soient établis et fermement tenus, à savoir :

le Livre de Vie, *les Constitutions* et *les Statuts*, pour maintenir le même esprit ;

– *le Nom*, pour signifier le même charisme monastique ;

– *la liturgie*, pour exprimer la même spiritualité contemplative ;

– *un habit liturgique*, pour indiquer la même consécration et la même appartenance ;

– *une coordination centrale*, pour établir, entre les communautés, concorde et harmonie, représentée par les prieurs généraux et les chapitres généraux.

Toi, fais tout ce qui est en ton pouvoir **170**
pour aimer, vouloir, défendre et enrichir
cette unité vivante. Et tu n'auras rien à
craindre : puisque l'Esprit est notre vie,
que l'Esprit aussi nous fasse agir ! Ga 5, 25

Sur ce tronc commun, les divers rameaux pourront alors fleurir et grandir. La diversité des Fraternités ainsi typées ne fera qu'embellir l'unité de Jérusalem. Des passerelles bien établies entre chaque maison diront que l'Esprit qui les anime est bien celui de la même Famille monastique, dans le respect profond des autonomies de chaque Église locale. Jérusalem n'est pas un Ordre, mais une Famille de fraternités, ayant pour les moines et les moniales le titre d'Institut religieux et des Constitutions propres ; et pour les laïcs, le titre d'Association de Fidèles et des

Statuts propres. « Crie de joie, Jérusalem!... Élargis l'espace de ta tente, déploie tes tentures sans contrainte, allonge tes cordages, renforce tes pieux! Car tu vas éclater à droite et à gauche et les tiens peupleront des villes abandonnées. »

171 Ce qui t'aidera à renforcer cette unité et à marquer fortement cette appartenance, c'est la vertu de stabilité.

La stabilité est d'abord une vertu chrétienne. Un chrétien instable ne saurait devenir un moine stable! Par ton baptême, tu appartiens au Christ une fois pour toutes. Dieu est à jamais fidèle. Son amour t'a été donné pour toujours : il a gravé ton nom sur les paumes de ses mains. Que Son Nom reste écrit sur ton front et posé sur ton cœur. Par ce caractère ineffaçable, tu es marqué par Dieu, greffé en Christ, fondé en lui, crucifié avec lui et habité par lui. Ayant été ainsi saisi, tu ne dois t'en dessaisir. Ayant mis la main à la charrue, tu ne dois retourner en arrière. Que ta vie soit donc attachée à Jésus Christ. Si tu tiens ferme, avec lui tu vivras, car même dans tes infidélités, il demeurera fidèle[1] .

---

1. Références bibliques de ce paragraphe : Rm 6, 10 ; Ps 116,2 ; 1 Co 1,9 ; 1 Jn 1,3 ; Jr 3,12 ; Is 54,10 ; Is 49,16 ; Dt 6,6-8 ; 2 Co 1,22; Rm 11,17 ; 1 Co 3,11 ; Ga 6,14 ;

Ta stabilité monastique est donc d'abord pour toi cette stabilité baptismale. Souviens-toi toujours de Jésus Christ. Tu 2 Co 1,22
as été marqué d'un sceau indélébile par Ep 1,13
l'Esprit de la Promesse.

La stabilité est aussi le fait de ton état **172**
d'âme. Le propre de la moniale ou du moine, c'est la constance, la persévérance, Mt 10,22 ;
la durée dans les épreuves, la ténacité Ap 2,9
dans les combats. Quand tu auras un peu souffert, le Dieu de toute grâce te rétablira lui-même, t'affermira, te fortifiera, te rendra inébranlable. C'est dans cette fer- 2 P 1,5-7
meté d'espérance et de foi que se construit la stabilité véridique. Vise à l'égalité d'humeur, dans les vicissitudes sois patient, sois calme et vis tranquille. Que Si 2,4
tout en toi jusque dans ta manière d'être, de parler ou de marcher, traduise un homme ou une femme nerveusement et affectivement en place. Dans les hauts et les bas, garde un fond de sérénité. Sans enthousiasme exubérant, sans abattement excessif, sois stable. Stable dans ton âme ; stable dans ta foi ; stable dans tes choix ; stable dans ton amour de Dieu. Ps 61,6-8

Si tu vis cela, tu sauras découvrir aussi le sens de la stabilité monastique. À

Ga 2,20 ; Ph 3,13 ; Lc 9,62 ; 2 Tm 2,11 ; 2 Tm 2,13.

Jérusalem, elle ne sera guère d'ordre géo-
graphique puisque les Fraternités n'y sont
normalement propriétaires de rien. Mais
elle est dans la présence fidèle au monas-
tère, dans ton effort pour y demeurer en
cellule, ton refus de vouloir toujours aller
Ep 4,14 ici ou là. Heureux ceux qui ne rêvent plus
d'un autrement ou d'un ailleurs, et se met-
Ps 1 tent à pousser de vraies racines. Alors seu-
Jn 15,4-5 lement, ils portent du fruit.

173 La stabilité est plus encore dans la fidélité de ton engagement à l'idéal monastique. Dans ton obéissance à tout ce qui te sera demandé. Elle est dans ton attachement à la Famille monastique à laquelle tu appartiens spirituellement et canoniquement. A ce Livre de Vie que tu lis et que tu vis. Elle est dans ton attachement foncier à Jérusalem tel qu'il est aujourd'hui et tel qu'il deviendra demain ; dans la fidélité à la communauté qui t'accueille, te désigne, t'envoie ; dans la confiance accordée à tes prieurs ou responsables ; dans la parole donnée une fois pour toutes.

Par ta profession perpétuelle, tu t'attaches à ta Fraternité pour toujours, faisant par là acte d'humilité, car tu n'as pas à conquérir le monde ; acte de foi, car ton vrai pèlerinage est vers le lieu du cœur ;

acte d'amour, car tu lies ainsi ta vie à celle de tes frères, pour courir avec eux vers le même idéal de sainteté. Une fois cet engagement pris, sache qu'il te lie jusqu'à la mort[1]. Car c'est un engagement d'amour qui se célèbre entre la Fraternité et toi, à la façon des épousailles pour qui l'amour est plus fort que la mort ; les grandes eaux ne peuvent l'éteindre ni les fleuves le submerger. Ct 8,6-7

Porter du fruit dans la persévérance.
Ne pas se lasser de s'émerveiller de Dieu.
Témoigner de la puissance de la fidélité.
Et que ce soit ta Gloire, Seigneur,
que ma faiblesse à ton service tienne bon ![2]

Une des composantes constitutives de Jérusalem est aussi l'œcuménisme. Le nom que tu portes te rappelle que le Christ est mort près de la Ville sainte pour le salut et l'unité de tous, et que ta vie, à sa suite, frère et sœur de Jérusalem, doit garder la même passion de l'unité. **174**

Jn 11,52

Le moine est un être qui cherche avant tout à s'unifier. Vis l'œcuménisme au cœur de ta propre vie : l'homme unifié est unifiant. Vis l'œcuménisme au sein de ta

---

1. GR 14, p. 79 ; 36, p.119.
2. GUILLAUME DE SAINT-THIERRY.

propre communauté : par l'acceptation
Rm 12,6-8 joyeuse et constructive de ses diversités. Vis l'œcuménisme dans le cadre de toute la chrétienté afin que deviennent de plus en plus frères tous les disciples du Christ qui demeurent encore séparés. L'œcuménisme le plus efficace est celui de la prière.

Veille à garder aussi en ton cœur un vrai souci de communion avec tous les fils d'Abraham, juifs et musulmans, qui sont, comme toi, des adorateurs de l'unique Dieu et pour qui Jérusalem est également une Ville sainte. Ne crains pas de prier tout au long de ta vie pour qu'un jour il n'y ait plus qu'un seul troupeau et un seul
Jn 10, 16 berger. Et que ce qui fut la grande passion du Christ passionne aussi ta vie monastique! Pour toi il se consacre lui-même afin que tu sois, toi aussi, consacré en
Jn 17,19 vérité. Seule l'unité des fils de Dieu dira
Jn 17,23 au monde le Mystère du vrai Dieu.

« Jérusalem, bâtie comme une ville
où tout ensemble fait corps,
c'est là que montent les tribus,
Ps 121 les tribus du Seigneur. »

Les croyants ne sont jamais tant unis
Mt 23,8-9 que lorsqu'ils sont adorateurs au cœur du même Dieu ; lorsqu'ils se reconnaissent frères parce qu'ils se voient fils du même

Père. Garde inlassablement au cœur ce cri de la dernière prière de Jésus faite au milieu de la Ville sainte : « Que tous soient un ! » Jn 17,21

175 Les Fraternités de Jérusalem sont composées de moines et de moniales portant le même nom, vivant du même esprit, suivant le même Livre de Vie. Dieu permet ainsi un double témoignage de pureté et d'amitié, et chacune des Fraternités s'en trouve enrichie d'une grâce de complémentarité. Leur vocation est commune.

Souviens-toi cependant qu'en aucun cas, ni jamais, il ne saurait s'agir ici d'un monachisme mixte. Un tel rêve ne pourrait être qu'utopique. Moines et moniales gardent leur autonomie, leur gouvernement propre, leur habitation séparée, se construisent dans le respect de leurs charismes mutuels et sans interférence aucune au plan du discernement des vocations, du rythme de vie quotidienne. Les moniales ont leur prieure générale. Les moines ont leur prieur général. Que celle-ci garde son autonomie ; que celui-ci garde son indépendance. Mieux seront définies et respectées leurs prérogatives propres, meilleure sera leur entente, plus forte leur unité.

Entre cénobites et ermites, que soient également bien respectés les autonomies et les charismes.

176 Un lien très vivant de communion s'établit entre frères et sœurs à travers la célébration quotidienne de l'Eucharistie et le partage du même enseignement doctrinal. N'est-ce pas là l'essentiel ? Guidés par la même Parole, nourris du même Corps, portant le même nom et vivant du même idéal spirituel, frères et sœurs deviennent alors les témoins paisibles et joyeux du
Mt 19,12 Royaume qui vient.

Il te faudra toujours faire preuve d'ouverture et de compréhension pour accepter ce cheminement parallèle, à la fois proche et indépendant. Ce n'est jamais d'emblée que l'on arrive à coïncider, que l'on accepte de se laisser contester. Mais si tu sais accepter, vivre et aimer ce que Dieu t'a ainsi donné, tu trouveras dans cette complémentarité motif à te réjouir, te convertir, évangéliser au-dehors et te sanctifier au-dedans. Tu porteras par là au monde, humblement, joyeusement, un double témoignage de pureté et d'amitié.

Remercie chaque jour le Seigneur de la grâce ainsi accordée à Jérusalem. Oui, ce mystère est grand : je veux dire qu'il s'applique au Christ et à l'Église[1].

177 C'est à la Bienheureuse Vierge Marie que nos Fraternités se sont plus spécialement consacrées.

C'est vers elle que tu dois pouvoir, chaque jour, te tourner.

Vierge, épouse et mère, elle t'apprendra le secret de la nuptialité, le sens de la virginité, le comment de ta paternité et même le secret de la tendresse maternelle.

Parce qu'elle est la mère du Bel Amour, elle t'aidera à aimer.

Parce qu'elle est la lumière de la prière, elle t'aidera à prier.

Parce qu'elle goûte le mystère du silence, elle t'introduira à son secret.

Parce qu'elle t'aime, toi aussi, sache l'aimer.

Avec Marie, fais tout ce qu'il te dira et, Jn 2,5
comme elle, réjouis-toi ! C'est Marie qui conduit la route de l'actuelle Jérusalem vers la nouvelle Jérusalem.

---

1. Références bibliques de ce paragraphe, successivement : Is 60,4 ; Jl 3 ; Ps 44 ; So 3,14-18 ; Za 9,9 ; 16-17; Ep 5,32 ; Ac 1,13-14 ; Lc 8,1-3.

Jérusalem, regarde vers l'Orient et vois
Ba, 4,36 la joie qui te vient de Dieu.

Je me lèverai donc et parcourrai la ville :
Ct 3,2 avez-vous vu celui que mon cœur aime ?

Je vis la cité sainte, la Jérusalem nouvelle, qui descendait du ciel, belle comme
Ap 21,2 une jeune mariée parée pour son époux.

Prie beaucoup la sainte, miséricordieuse et immaculée Mère de notre Dieu.

À Bethléem, Marie t'a donné le Dieu éternel devenu petit enfant. Au pied de la croix, elle est restée auprès du Fils mourant pour toi. C'est dans Jérusalem qu'elle te révélera le vrai visage de l'Emmanuel.

15. Joie

178

La joie nous est donnée pour que nous puissions en vivre et en témoigner. Nous devons donc nous efforcer de l'accueillir et la laisser rayonner.

Dieu est Joie : devant ta face, plénitude
de joie, et à ta droite, délices éternelles. Ps 15,11
Étant fils de Dieu, nous sommes donc fils
de la joie : « En lui la joie de notre cœur,
en son nom de sainteté, notre foi. » Ainsi, Ps 32,21
chacun de nous est-il engendré par sa joie
et promis à son allégresse. Is 35,1-10

Ce qui fonde notre joie, c'est d'abord la
tendresse du Père qui ne veut pas la mort
du pécheur mais qu'il se convertisse et
qu'il vive, et convie tout le monde à fes- Ez 18,32
toyer et à se réjouir pour peu que nous Lc 15,23-24
revenions à lui. Sois donc dans la joie à la
pensée de cette Présence aimante et par-
donnante qui te fait lui chanter : « Toi qui
fus mon secours, je jubile à l'ombre de tes
ailes. » Ps 62,8

Ce qui soutient notre joie, c'est ensuite la présence du Christ qui demeure avec 179

Jn 16,33 nous jusqu'à la fin du monde. Sans l'avoir
vu nous l'aimons, sans le voir nous
croyons et nous exultons d'une joie indi-
cible et pleine de gloire, sûrs d'obtenir par
1 P 1,8-9 lui le salut de nos âmes. Celui qui est venu
Mc 1,15 nous annoncer la Bonne Nouvelle nous a
révélé son amour pour que sa joie soit en
Jn 15,11 nous et que notre joie soit parfaite, et
qu'ainsi nous ayons en nous-mêmes la
Jn 17,13 plénitude de sa joie. Demeure en cette
allégresse du Christ qui chemine à tes
côtés, porteur pour toi d'une joie que nul
Jn 16,22 ne peut ravir. Comme tu as raison de l'ai-
Ct 1,4 mer !

Ce qui affermira enfin notre joie, c'est la grâce de l'Esprit Saint qui est lui-même jubilation d'allégresse au sein de la Trinité. Il est porteur de joie, rayonnement de joie. Il est la joie. La vraie joie.

Rm 14,17 Car il y a la joie de l'Esprit Saint.
Capable de nous réjouir jusqu'à l'ivresse.
Ac 2,15 Or cet Esprit nous a été donné qui nous
Is 29,9 comble de tous ses biens, dont le premier
Ga 5,22 est, après l'amour, la joie. Ne contriste pas
en toi l'Esprit Saint en t'adonnant à la tris-
2 Co 7,10 tesse du monde. Fils du Père, ami du
Christ, porteur de l'Esprit, sois donc
vivant de la joie de Dieu.

La vie fraternelle qui fait de la communauté rassemblée en son nom un signe vivant de sa Présence, devient à son tour source et rayonnement de joie. Voyez qu'il est bon, qu'il est doux de vivre en frères et sœurs tous ensemble. L'amour épanouit, la confiance mutuelle pacifie, la vie commune réjouit. Tel est le rayonnement de la Présence trinitaire que Dieu et les hommes attendent de nous ainsi qu'il est écrit : « Réjouissez-vous sans cesse dans le Seigneur, oui, réjouissez-vous. Votre sérénité dans la vie doit frapper tous les regards. Le Seigneur est proche. N'entretenez aucun souci. » 180

Ps 132,1

Ph 4,4-6

En vivant dans l'amour, provoque en chacun de tes frères ou sœurs et en toi l'éclosion de la joie. Deviens avec eux, par le rayonnement de la joie communautaire, le signe de la présence de Dieu qui veut te renouveler par son Amour et danser pour toi avec des cris de joie comme au jour de fête. Rien n'attriste autant que discorde, suspicion, murmures, jalousies. Par contre, le pardon, l'entraide, la compassion, l'humilité sont source d'allégresse. Pour vivre dans la joie, vivons donc dans l'unité en mettant le comble à la joie par l'accord de nos sentiments. Demandons chaque jour pour chaque membre de la communauté la grâce de la joie.

Jn 15,11

So 3,17

Col 3,13-14

Ph 2,2

Demandez et vous recevrez, et votre joie
Jn 16,24 sera parfaite.

181 N'oublie pas pour autant que la joie est fille du sacrifice.

La vraie joie naît de l'effort, de l'épreuve, de la souffrance, tout comme l'allégresse de Pâques a jailli de la croix. Tenez donc pour une joie suprême, mes frères,
Jc 1,2 d'être en butte à toutes sortes d'épreuves. Dans les difficultés, les insultes, les contrariétés, les persécutions, réjouissez-vous car votre récompense est grande
Mt 5,12 dans les cieux. Il n'y a pas de joie profonde sans ascèse et sans participation active
1 Co 2,2 ; Ga 6,14 à la croix de Jésus.

Dans la mesure où vous participez aux souffrances du Christ, réjouissez-vous afin que, lors de la révélation de sa Gloire,
1 P 4,13 vous soyez aussi dans la joie et l'allégresse. Le jeûne, la chasteté, les veilles, le pardon des offenses, sont autant d'attitudes du cœur, de l'esprit et du corps qui réjouissent l'âme. Et pour l'homme au
Ps 96,11 cœur droit, la joie.

Même si tout châtiment de Dieu n'est
He 12,11 pas d'abord sujet de joie, l'ascèse, au terme, débouche toujours sur la sérénité. Au soir, les larmes, au matin, les cris de

joie. Pour moi tu as changé le deuil en une danse, tu dénouas mon sac et me ceignis d'allégresse. Livre-toi à l'ascèse, et tu connaîtras la joie parfaite. Ps 29,6 Ps,29,12

Présente ton épaule au fardeau de la discipline, ne sois pas impatient de ses liens, car à la fin, tu trouveras en elle le repos et, pour toi, elle se changera en joie. Si tu peux dire un jour, toi aussi, que tu ne te recherches plus, tu mèneras la vie la plus heureuse que l'on puisse voir. Car toute ta vie sera tendue dans l'espérance du vrai bonheur. Comme il est dit, l'attente des justes n'est que joie. Sl 6,25-28 Pr 10,28

182

La perspective finale de la Béatitude qui nous sera donnée doit chaque jour éclairer notre vie et soutenir notre combat. Il est bon de pouvoir se redire souvent, avec saint Paul, que les souffrances du temps présent ne sont pas à comparer à la gloire qui doit se révéler en nous, et que la légère tribulation d'un moment nous prépare, bien au-delà de toute mesure, une masse éternelle de gloire. Toute notre vie est une marche vers un bonheur d'éternité ! Un jour nous arriverons tous à Sion hurlant de joie, une béatitude éternelle transfigurant notre visage, dans l'accompagnement de l'allégresse et de la joie. Comment notre vie monastique, tendue vers la certitude Rm 8,18 2 Co 4,17 Is 35,10

de cette rencontre de Dieu et voulant anticiper ce jour, ne chanterait-elle pas sur sa route quotidienne comme le psalmiste montant à Jérusalem: « Ô ma joie quand on m'a dit : Allons à la maison du
Ps 121,1 Seigneur ! »

Vivons donc selon la promesse de Dieu : « Qu'on soit dans la jubilation et qu'on se réjouisse de siècles en siècles de ce que Je vais créer Jérusalem-Joie et son peuple-allégresse. Oui, Je me réjouirai de Jérusalem et Je serai joyeux de mon
Is 65,18-19 Peuple. »

Courage, Jérusalem, il te consolera, celui qui t'a donné un nom.

Jérusalem, regarde vers l'Orient et vois
Ba 4,30-36 la joie qui te vient de Dieu.

Table des matières

Fraternités Monastiques et Laïques de Jérusalem

Les Fraternités Monastiques de Jérusalem, fondées en l'église Saint-Gervais, Paris IVe, le jour de Toussaint 1975, par le Père Pierre-Marie Delfieux, avec l'accord du Cardinal François Marty, ont pour mission de vivre au cœur des villes au cœur de Dieu.

La prière de Jésus disant : « Père, je ne te demande pas de les retirer du monde, mais de les garder de l'esprit du monde » (Jn 17, 15), oriente toute leur vie et éclaire l'essentiel de leur vocation. La plus belle image de Dieu étant dans l'homme, c'est à travers la cité des hommes qu'ils veulent prier et rencontrer Dieu. Et c'est en révélant par leur vie contemplative et fraternelle la présence de Dieu au cœur du monde, qu'ils veulent servir et rejoindre les hommes en quête de Dieu.

Pour cela, moines et moniales de Jérusalem s'efforcent de mettre la prière dans la ville et de porter la ville dans leur prière. De creuser une oasis dans le désert de la solitude, de l'inquiétude, de la recherche ou de l'indifférence, en faisant vivre un espace de silence et de prière qui soit en même temps un lieu d'accueil et de partage.

Cinq mots essentiels caractérisent leur vocation monastique :

– Ils sont tout d'abord citadins car le phénomène urbain est sans doute l'un des plus importants et des plus marquants des temps modernes, et le surgissement des mégapoles de ce siècle un fait aussi nouveau qu'universel.

– Ils vivent ensuite en locataires, comme la plupart des hommes et des femmes de ce temps, et pour éviter par là tout risque d'installation ou d'enrichissement.

– Ils travaillent en salariés et seulement à mi-temps, c'est-à-dire de manière aussi contestataire que solidaire, et pour se garder de toute dangereuse réussite économique et sociale.

– Ils sont en lien direct avec l'Église diocésaine, dans la ligne du concile Vatican II, insistant très fort sur la réalité de chaque Église locale, et pour mieux pouvoir s'adapter à la diversité des situations, des sensibilités et des cultures.

– Ils vivent enfin sans clôture murale, en préservant certes des lieux et des temps de silence, mais de façon à vivre ces ruptures toujours en esprit de communion.

Vivant au rythme de la ville, ils assurent, dans l'église qui leur est confiée la liturgie quotidienne au cœur de la cité, sachant que « si le Seigneur ne garde la cité, en vain la garde veille » (Ps 126,1). Frères et sœurs de Jérusalem chantent la liturgie chaque jour, matin, midi et soir. « Si tu veux savoir ce que nous croyons, viens voir ce que nous chantons », disait saint Augustin. Le matin, les laudes avec ceux qui partent au travail. À midi, l'office du milieu du jour, pendant la pause du travail. Et le soir, les vêpres et l'Eucharistie, avec ceux qui rentrent du travail. Chantée entièrement en polyphonie, sur le schéma romain, mais au carrefour de l'Orient et de l'Occident chrétiens, la liturgie reste ouverte aux apports du Renouveau et aux appels de l'œcuménisme.

Moines et moniales ont toutes leurs liturgies en commun, sans qu'il s'agisse pour autant d'un monachisme mixte. Les deux communautés de frères et de sœurs ont chacune leur habitation propre, un gouvernement indépendant et leur financement particulier.

Moines citadins, ils portent le nom de « Jérusalem », car Jérusalem est la patronne de toutes les villes ; et le lieu où le Christ a vécu, est mort et ressuscité ; où l'Église a été fondée et où sont nées les premières communautés chrétiennes. Une ville également sainte pour les juifs, les chrétiens et les musulmans ; et l'espérance du ciel vers lequel nous sommes tous en marche.

Constituées dès 1979 en *pia unio* par le Cardinal Marty, les Fraternités de Jérusalem ont été érigées en Institut Religieux à caractère monastique par le Cardinal Jean-Marie Lustiger, en 1991. Les deux Instituts, de moines et de moniales, tout en ayant des Constitutions similaires, sont autonomes, ayant respectivement à leur tête un prieur général et une prieure générale.

À ce jour, les deux Instituts comptent une centaine de consacrés regroupant plus de vingt nationalités. Les Fraternités Monastiques de frères et de sœurs réparties en différentes villes forment entre elles la Communion de Jérusalem.

Auprès des Fraternités Monastiques sont nées les Fraternités Laïques de Jérusalem, désireuses de vivre la même spiritualité selon les exigences de leur état de vie. Parmi les Fraternités Laïques, certaines rassemblent leurs membres selon leur âge ou leur centre d'intérêt, telle la Fraternité des Jeunes, celle des Jeunes Foyers, des Parents et Enfants, et des Adolescents, l'École de Vie ; ou encore les Enfants d'Abraham, ouverts au dialogue interreligieux ; Ogives Saint-Gervais, orientée vers le dialogue entre l'art et la foi ; Ephata, tournée vers la prière d'intercession pour les malades, etc. Toutes ensemble forment la Famille de Jérusalem.

FRATERNITÉS MONASTIQUES DE JÉRUSALEM
13, rue des Barres - 75004 Paris
Tél : (1) 48 87 32 02 - Fax : (1) 48 87 32 86

Le Livre de Vie de Jérusalem
est actuellement traduit en :

anglais : Darton, Longman & Todd, London, 1985 ; Éd. Saint-Paul, Manille, 1994.

allemand : Herder, Freiburg im Breisgau, 1984 ;

arabe : Patriachat Grec Melchite, Beyrouth, 1994 ;

catalan : Fundacio Catalunya Cristiana, Barcelona, 1991 ;

espagnol : Ed.Verbo Divino, Estella, 1982 ;

hongrois : Ed. Bences Kiodo, Pannouhalma, 1992 ;.

italien : Ed. Pieme, Casa Monferrato, 1987 ;

japonais : Éd. Saint-Paul, 1984 ;

néerlandais : Ed. Patmos, Anvers, 1985 ;

polonais : Ed. Marionow, Varsovie, 1989 ;

portugais : Ed. A.O., Braga, 1989 ;

roumain : Ed. Presa Buna, Iasi, 1993 ;

russe : Ed. Nayka, Moscou, 1992 ;

vietnamien (reprographie) : Paris, 1988 ;

En préparation : traductions en croate, bulgare, suédois...

Cet ouvrage
a été achevé d'imprimer
sur Roto-Page
en novembre 1995
par l'Imprimerie Floch
53100 – Mayenne.
Dépôt légal : novembre 1995.
N° d'imprimeur : 38276.
N° d'éditeur : 10035 .
Imprimé en France.

FOI VIVANTE
Vie spirituelle

Au sein de la *Bibliothèque chrétienne de poche,* cette série regroupe les ouvrages d'initiation à la prière et à la vie spirituelle chrétienne et les textes développant une dimension particulière de la spiritualité d'hier et d'aujourd'hui.

5. Romano GUARDINI,
La Messe, Cerf, 1965.

10. Ambroise-Marie CARRÉ,
Compagnons d'éternité, Cerf, 1978.

11. Bernard BRO,
Apprendre à prier, Cerf, 1985.

46. G. ROTUREAU,
Amour de Dieu, amour des hommes, Aubier, 1967.

64. Romano GUARDINI,
Vie de la foi, DDB, 1968.

70. Yves CONGAR,
Cette Église que j'aime, Cerf, 1968.

90. Gertrud VON LEFORT,
La Femme éternelle, Cerf, 1968.

98. Bernard BRO *et al.*,
Parole de Dieu à la télé, t. I, DDB, 1968.

102. Louis-Bertrand GEIGER,
L'Expérience humaine du mal, Cerf, 1969.

112. Pie-Raymond RÉGAMEY,
La Croix du Christ et celle du chrétien, Cerf, 1969.

126. Ambroise-Marie CARRÉ,
Marie, Mère du Christ, mère des hommes, Cerf, 1970.

128. Clive Staples LEWIS,
Si Dieu écoutait... Lettres à Malcom sur la prière, Delachaux et Niestlé, 1970.

139. Jean GUITTON,
La Famille et l'Amour, Aubier, 1971.

142. Ambroise-Marie CARRÉ,
Le « Notre Père », Cerf, 1971.

145. Albert-Marie BESNARD,
Vie et combat de la foi, Cerf, 1965.

158. Jacques-Marie POHIER,
Le Chrétien, le Plaisir et la Sexualité, Cerf, 1974.

160. André-Jean FESTUGIÈRE,
Le Sage et le Saint, Plon, 1974.

161. Étienne BORNE,
Dieu n'est pas mort, Fayard, 1974.

164. L. CERFAUX,
Une Église charismatique, Cerf, 1975.

173. Sœur GENEVIÈVE,
Le Trésor de la prière à travers le temps, Cerf, 1976.

174. Romano GUARDINI,
Les Âges de la vie, Cerf, 1976.

179. Paul EVDOKIMOV,
Présence de l'Esprit-Saint dans la tradition orthodoxe, Cerf, 1977.

183. Alphonse D'HEILLY,
Visage de l'homme, visage de Dieu, Cerf, 1978.

184. Albert-Marie BESNARD,
Par un long chemin vers toi, Cerf, 1979.

185. Antoine BLOOM,
Prière vivante, Cerf, 1978.

188. Albert-Marie BESNARD,
Propos intempestifs sur la prière, Cerf, 1978.

193. René VOILLAUME,
La Contemplation aujourd'hui, Cerf, 1979.

198. Albert-Marie BESNARD,
Le Maître spirituel, Cerf, 1980.

201. René VOILLAUME,
L'Éternel vivant, Cerf, 1981.

210. Philippe FERLAY,
Ô mon Dieu, Trinité que j'adore, Cerf, 1992.

211. Jean-René BOUCHET,
Si tu cherches Dieu, Cerf, 1992.

212. Ambroise-Marie CARRÉ,
Baptisés dans le Christ, Cerf, 1986.

227. Pie-Raymond RÉGAMEY,
Portrait spirituel du chrétien, Cerf, 1988.

228. Jean VANIER,
Ton silence m'appelle, Cerf-Bellarmin, 1988.

231. UN MOINE DE L'ÉGLISE D'ORIENT,
Notre Père, Cerf, 1988.

232. UN MOINE DE L'ÉGLISE D'ORIENT,
L'Offrande liturgique, Cerf, 1988.

234. Jean VANIER,
Ouvre mes bras, Cerf-Bellarmin, 1988.

237. Patrice DE LA TOUR DU PIN,
Psaumes de tous mes temps, Cerf, 1990.

241. Maurice BELLET,
La Force de vivre, DDB, 1990.

242. Chiara LUBICH,
Méditations, Nouvelle Cité, 1990.

243. André SÈVE,
Essayer d'aimer, Centurion, 1990.

247. Jean GUITTON,
L'Évangile dans ma vie, DDB, 1990.

248. Carlo CARRETTO,
Mon Père, je m'abandonne à toi, Cerf et Nouvelle Cité, 1990.

252. Louis ÉVELY,
Oser parler, Centurion, 1990.

253. Pierre GUILBERT,
La Prière retrouvée, Nouvelle Cité, 1990.

254. Michel QUOIST,
Quand la vie devient prière, Éditions ouvrières, 1990.

256. Michel BOUTIER,
Quêtes et requêtes, Cerf, 1989.

257. Stan ROUGIER,
L'avenir est à la tendresse, Salvator, 1990.

259. Alain PATIN,
Celui que l'on appelle Jésus, Éditions ouvrières, 1991.

261. Dom Paul-Marie GRAMMONT,
Présence à Dieu, présence aux hommes, Cerf, 1991.

263. Jacques LŒW,
Dans la nuit j'ai cherché, Centurion, 1991.

265. Ambroise-Marie CARRÉ, Gérard BESSIÈRE,
Prières pour tous les jours de notre vie, Cerf, 1991.

266. Joseph THOMAS,
Ignace, pèlerin de Dieu, Vie chrétienne, 1991.

267. Étienne CHARPENTIER, Marc JOULIN,
Cinq chemins de croix, Cerf, 1991.

269. Joseph EYQUEM,
Aujourd'hui le rosaire, Cerf, 1991.

274. Pierre WOLFF,
Non, Dieu n'est pas sourd, Vie chrétienne, 1991.

275. Pierre TALEC,
Les Choses de la foi, Centurion, 1991.

277. Jacques MARITAIN,
Notes sur le « Pater », DDB, 1991.

284. Yves RAGUIN,
Alpha et oméga, Vie chrétienne, 1991.

288. Maurice ZUNDEL,
Croyez-vous en l'homme ?, Cerf, 1992.

289. Pedro ARRUPPE,
Promouvoir la justice, Vie chrétienne, 1992.

291. Théodule REY-MERMET,
Laissez-vous réconcilier, Centurion, 1992.

292. Suzanne DE DIÉTRICH,
Le Dessein de Dieu, Labor et Fides, 1992.
294. Joseph DORÉ,
Jésus-Christ, Mame, 1992.
296. Édouard POUSSET,
Foi et liberté, Vie chrétienne, 1992.
298. Bernard BRO,
La foi n'est pas ce que vous pensez, Cerf, 1993.
299. Charles JOURNET,
Comme une flèche de feu, Centurion, 1993.
301. Jacques VIDAL,
L'Église et les Religions, Albin Michel, 1993.
303. Conrad DE MEESTER,
Dans le ciel de notre âme, Cerf, 1992.
304. Pierre TALEC,
Dieu vient de l'avenir, Centurion, 1992.
311. Maurice ZUNDEL,
La Pierre vivante, Cerf, 1993.
313. Fançois VARILLON,
La Parole est mon royaume, Centurion, 1993.
315. Guy THOMAZEAU,
La Présence de Dieu, Cerf, 1993.
323. Jacques LŒW
et Jacques FAIZANT,
Paraboles et fariboles, Cerf, 1993.
328. Gilbert LE MOUËL,
Dieu dans le métro, Les Éditions de l'Atelier, 1993.
330. Christian ALEXANDRE,
Être mystique, Cerf, 1994.
332. Guy GAUCHER,
Prier dans les villes, Cerf, 1994.
339. Pierre-Jourdain HOUYVET,
Jésus, que ma joie demeure, Cerf, 1994.
341.John Carroll FUTRELL,
Le Discernement spirituel, Vie chrétienne, 1994.
342. Élie MARÉCHAL,
Prières avec les enfants, Cerf, 1994.
346. M.-D. MOLINIÉ,
Le Courage d'avoir peur, Cerf, 1994.
359. Alain HOUZIAUX,
Paraboles au quotidien, Cerf, 1995.
361. Pierre-Marie DELFIEUX,
Veilleurs sur la ville, Cerf, 1995.
363. Cardinal Carlo Maria MARTINI,
S'ouvrir à la parole du Christ, Fates, 1995.
364. Cardinal Jean-Marie LUSTIGER,
Premiers pas dans la prière, Nouvelle Cité, 1995.